Der Luftraum darf
nicht mit dem Fahrrad
verletzt werden

Dr. Roman Leuthner
Alexandra Leuthner

Der Luftraum darf nicht mit dem Fahrrad verletzt werden

Gesetzliche Kuriositäten & bürokratische Monster

Bassermann

Inhalt

Einführung	6
Verrückte Fußballregeln	11
Gurkengesetze von Brüsseler Darwinisten – alles Banane	35
Gesetzliche Kuriositäten und bürokratische Monster aus Deutschland	69
Namensrecht in Deutsch-Absurdistan	81
Namensrecht in anderen Ländern	95
Wunderbar verrückte Gesetze aus aller Welt	103
Realsatiren aus zeitgenössischen Gerichtssälen	113
Kurioses aus dem Polizeibericht	123
Warum der bayerische König neben seinem Bier auch seine Untertanen braucht	129
Schluss	136

Einführung

„Jede Nation spottet über die andere, und alle haben Recht." Dieses Zitat wird dem deutschen Philosophen Arthur Schopenhauer (1788–1860) zugeschrieben, der damit zweifelsohne Recht hat.

Nichts ist einfacher, als sich über die kulturellen Eigenarten anderer Nationen zu mokieren, wenngleich es in der globalisierten Welt Gott sei Dank zunehmend offener und grenzüberschreitend freizügiger zugeht und sich die Rede über den so genannten Volkscharakter einer Nation von daher schon verbietet. Zumindest in der westlichen Hemisphäre, wo Hinz und Kunz tagtäglich durch die Gegend jetten und Jobs und Wohnorte wie die Hemden wechseln, sorgt heute vielmehr derjenige für den Spott seiner Mitmenschen, der noch in den nationalen Kategorien vorvergangener Jahrhunderte denkt. Die Zeiten haben sich geändert: „Die Engländer" spazieren nur noch selten im Tweed, mit Melone und Regenschirm durch den Hydepark, „die Franzosen" nuckeln kaum noch, mit einer schwarzen Baskenkappe bemützt, an einer Gauloise – und „die Deutschen" marschieren nur noch zum Gefallen Hollywoods mit Pickelhaube und Drillich durch das Brandenburger Tor.

Eines aber hat sich nicht verändert: Recht, Gesetz und Bürokratie. Und dies gilt für alle Nationalstaaten und für alle Zeiten. Die Vorstellung vom „panta rhei", die auf den griechischen Philosophen Heraklit zurückgeführt wird –, dass alles fließt, sich alles fortbewegt und nichts bestehen bleibt –, gilt für alle Lebensbereiche, mit Ausnahme von Recht und Gesetz. Sofern Sie das für eine Übertreibung oder

Fehlinterpretation halten, nehmen Sie doch einmal
das Buch „Nackt duschen streng verboten – Die
verrücktesten Gesetze der Welt" zur Hand, und
brechen Sie zu einer kleinen Exkursion durch den
Dschungel von Paragrafen, Verordnungen und Ausführungsbestimmungen auf, die Sie teils verdutzt
und teils erheitert zurücklassen wird. Besonders
die Vereinigten Staaten von Amerika, das Land der
unbegrenzten Möglichkeiten, tut sich hier hervor.
Mit schier unmöglichen Gesetzen aus der Zeit der
Indianerkriege und ungezählter Verbote in allen
Bundesstaaten, die die persönliche Freiheit rigoros
begrenzen. Besonders, was das Thema Zwischen-
menschliches betrifft. Da schlagen die Puritaner un-
barmherzig zu (so dass nicht einmal unbekleidetes
Duschen erlaubt ist) und skalpieren alle natürlichen
menschlichen Triebe.

Trotzdem haben auch wir Europäer uns vergangen
und gehören gehörig bestraft. Vergangen nämlich
am Ansehen der Vereinigten Staaten, deren Gesetzgebung und Rechtsprechung vielerorts zwar
„von gestern" ist, die damit jedoch nicht allein auf
der Welt sind. Im Gegenteil: Die leibliche Mutter
aller wild gewordenen Gesetzgeber, Rechtspfleger
und -ver-weser, Advokaten, Richter und Bürokraten ist offensichtlich Europa. Insofern verbüßen
wir unsere Strafe, kehren vor der eigenen Tür und
legen nach.

Ziehen Sie sich warm an, denn den dieses Buch wird
Ihnen die Augen öffnen über das, was die Alte Welt
zusammenhält. Nicht die Aufklärung ist es, nicht der
Schlachtruf der Französischen Revolution, nicht die

7

Wurzeln der abendländischen Kultur. Nein: das finstere Mittelalter! Lediglich die Erlasse und Verordnungen von Bürokraten und Gesetzgebern, die mit selbst auferlegter und hochnotpeinlicher Akribie die Welt ordnen, regeln und in Kategorien unterteilen, liefern den Kitt, der die menschliche Gemeinschaft zu einem Ganzen macht. Nur sie wissen, was Gut und Böse, Richtig und Falsch ist, was sich schickt und was unschicklich ist.

Wussten Sie etwa, dass die EU-Bürokratie nicht nur unschuldige Gurken und Bananen einer paragrafischen Inquisition unterzieht, die Farbenmischung einer harmlosen tiefgefrorenen Pizza Napoletana vorschreibt und die Zusammensetzung des Honigs verordnet, sondern auch die Länge des angeblich liebsten Stücks des Mannes? Oder, dass die Brüsseler Gurkentruppe den Niederländern den Bau von Seilbahnen verordnet — weil, nun ja, weil einfach alles in der Europäischen Union harmonisiert und vereinheitlicht werden muss? Kein Wunder, dass man in dem schon namentlich niederen Ländchen Ströme von Tränen lacht. Aber bitte schön, außerhalb der gesetzlich vorgeschriebenen Arbeitszeit, und zwar auf die Sekunde genau! Denn nichts ist dem Amtsschimmel in der belgischen Metropole so sehr verhasst wie Ungenauigkeit. Deshalb legt er die Zeiteinheit einer Sekunde wie folgt fest: „Die Sekunde ist $C1$ das 9.192.631.770-fache der Periodendauer, der dem Übergang zwischen den beiden Hyperfeinstrukturniveaus des Grundzustands von Atomen des Nuklids 133Cs entsprechenden Strahlung."

Ja, Sie sehen: Im Bürokratentempel der Union, in der Europäischen Kommission, gibt es kaum einen ersichtlichen Grund, sich über die roten Gesetzgeber der ehemaligen DDR lustig zu machen, die zum Beispiel treudeutsch bis in den Tod Jahr für Jahr eine neue Ge-

setzesverordnung über die Einführung und Geltungs-
dauer der Sommerzeit vom Stapel ließen. Nach dem
Motto: „Alle klagen über Materialmangel. Wir nicht …"
Ziemlich krass sind auch die juristischen Winkelzüge
und bürokratischen Spitzfindigkeiten (nicht nur) hierzulande, wenn es um Angelegenheiten des Namens-
rechts geht. So haben sich zum Beispiel Oberlandes-
richter im schönen Schleswig-Holstein (auch hier
'bedarf es übrigens einer Seilbahn) hervorgetan und
dem Antrag einer Mutter stattgegeben, ihr Töchter-
chen Emily-Extra nennen zu dürfen. Klar, der Mama
kam es extra auf das „Extra" an, und die Richter
zeigten volles Verständnis, anders als zuvor niedri-
gere Instanzen, weil eben nicht das Recht der Namensfindung, sondern auch der Namenserfindung
existiere. Wie fortschrittlich!

Ganz im Gegensatz zur schönsten Freizeitbeschäf-
tigung der Welt – zum Fußball. Klar, Sie wissen, was
die Abseitsregel besagt, dass ein Spiel 90 Minuten
lang währt und jede Mannschaft exakt 11 Kicker
zählen muss, und schließlich auch, dass das Runde
ins Eckige muss. Darüber hinaus aber wissen Sie
wahrscheinlich nicht, dass die gesetzten Herren
der Sportverbände und -gerichte, der Ausschuss-
gremien und Vollzugsorgane noch viel lieber höchst
sinnreiche und nachvollziehbare Paragrafen durch
die Gegend bolzen, als real auf das runde Leder
einzudreschen. Zurückzuführen auf diese verbor-
gene Leidenschaft ist wohl auch eine der dämlichsten Strafen für ungebührliches Benehmen eines
Spielers. Denn wenn sich dieser im rauschhaften
Jubel über ein soeben erzieltes Tor seines Trikots
entledigt, kassiert er die Gelbe Karte. Nackt Jubeln
verboten! Wahrscheinlich können die angegrauten
Sportbürokraten den Anblick junger und gut durchtrainierter Körper nicht mehr ohne Missgunst ertragen.

9

Die Welt ist voller Verbote, Strafen und Bußen. Das zeigt auch die zweite Sammlung verrückter Gesetze und Verordnungen. Da ist es schon erbaulich, dass zumindest im geizigen Schottland auch einmal an die Bedürfnisse des Menschen gedacht wird, denn es heißt: „Wenn jemand an Ihre Tür klopft und die Benutzung Ihrer Toilette begehrt, sind Sie gesetzlich verpflichtet, ihm Zutritt zu gewähren."

Verrückte Fußballregeln

Ein Glück, dass es Sportfunktionäre gibt. Damit sollen nicht diejenigen gemeint sein, die zu jeder Veranstaltung kommen, ein paar Grußworte sprechen, das Buffet plündern und sich wieder vom Acker machen. Vielmehr gilt das Lob einer anderen Gattung unter den meist gut gekleideten Schattenmännern. Und zwar jenen, die um eine fortwährende Verbesserung ihrer Sportart bemüht sind und die deshalb auch stets daran arbeiten, die Regeln nachvollziehbarer und fairer zu machen.

Nichts für Nervenbündel

! Man nehme die Leichtathletik, und dort vor allem die Sprintwettbewerbe. Da war es in früheren Zeiten ein Leichtes, sich pfeilschneller, aber nervenschwacher Konkurrenten zu entledigen: Man musste nur einen Fehlstart verursachen, dann besagte eine leidlich sinnfreie Regel, dass derjenige, der beim nächsten Startversuch auch nur ein klein wenig zuckte, disqualifiziert wurde – selbst wenn er sich beim ersten Versuch keinen Millimeter von der Stelle gerührt hatte. Mittlerweile fliegt schon der Verursacher des ersten Fehlstarts aus dem Rennen, was dazu führt, dass weniger riskiert wird.

Dass die Rekorde in letzter Zeit dennoch weiter purzeln und immer neue Schallmauern durchbrochen werden, hat wohl weniger mit der unglaublichen Reaktionsfähigkeit der Weltklassesprinter zu tun als vielmehr mit dem medizinischen Fortschritt. Aber das soll hier nicht unser Thema sein.

Handarbeit auf dem Fußballfeld

Widmen wir uns der schönsten Nebensache der Welt – der nimmermüden Jagd nach dem runden Leder. Da gibt es Feinheiten im Regelwerk, die selbst eingefleischte Fußballfans möglicherweise gar nicht kennen.

! Zum Beispiel die Tatsache, dass Torhüter noch bis 1903 in der gesamten eigenen Spielhälfte den Ball in die Hand nehmen durften. Zwar nur für zwei Sekunden, aber immerhin.

Nun bescheinigt so mancher Keeper seiner eigenen Gattung, sie sei eine etwas eigenwillige, ja sogar „ein bisschen verrückte Spezies". Ein Musterbeispiel dafür war jener Petar Radenkovic, genannt Radi, der sich als legendärer Torhüter des TSV 1860 München schon mal ausgehend vom eigenen Sechzehner bis weit in die gegnerische Hälfte dribbelte – selbst auf schneebedecktem Boden. Hätte Radenkovic den Ball auch noch in die Hand nehmen dürfen, er wäre vermutlich ein gefürchteter Torjäger geworden. Letztlich wurde die Regel jedoch schon lange vor der fußballerischen Neuzeit wieder abgeschafft. Wohl deshalb, weil übereifrige Keeper mit unmotivierter Handarbeit regelmäßig für Chaos außerhalb des Strafraums gesorgt hatten. Man stelle sich einmal vor, ein Oliver Kahn hätte überall auf dem Spielfeld die Hände benutzen dürfen. Vermutlich hätten sich schon bald die Zivilgerichte mit Körperverletzungsklagen auseinandersetzen müssen.

Die Färöer-Regel

Nein, es ist schon gut, dass der Torhüter wieder von den Regelgewaltigen in seinen natürlichen Lebensraum zurückgeführt und das Spiel in geordnete Bahnen gelenkt wurde. Wie ärgerlich, dass keine, aber auch gar keine Fußballregel etwas gegen die Unbill des Wetters ausrichten kann – wohl der einzige äußere Einfluss, der die Macht hat, eine Regel beim Fußball zu verändern, und nicht umgekehrt. Der ständige böige Wind im hohen Norden Europas ist so ein Fall, bläst er doch ins beste Fußballstadion hinein und stört. Auf den Färöern etwa, jener zerklüfteten Inselgruppe zwischen Großbritannien, Island und Norwegen, tost der Sturm bisweilen ganz schön heftig. Und weil die knapp 50 000 Einwohner dort keineswegs einfältige Schafhirten sind, haben sie für ihre regionalen Fußballregeln vom Weltverband FIFA eine innovative Änderung eingefordert.

! Erhält eine Mannschaft einen Elfmeter zugesprochen, dann darf sich in Thorshavn und Klaksvik der Schütze Unterstützung holen. Einer seiner Teamkollegen hält den Ball so lange fest, bis der andere geschossen hat, um so dem Wind ein Schnippchen zu schlagen.

Bei der größten Sternstunde des färöischen Fußballs, am 12. September 1990, hat jedoch kein Elfmeter eine Rolle gespielt. Damals besiegte das Nationalteam in seinem allerersten Qualifikationsspiel überhaupt Österreich mit 1:0, Torschütze Torkil Nielsen, er gilt als einer der besten Schachspieler des Inselstaates. Hätte es übrigens in diesem Spiel einen Strafstoß gegeben, der Schütze hätte ohne Ballhalter auskommen müssen – das Match fand nämlich im schwedischen Landskrona statt.

Der Baum ist dem Fußballspieler sein Feind

Wind ist nur eine von vielen Naturerscheinungen, die dem Kicker das Leben schwer machen. Regen, Blitz, Donner, Schnee – alles bekannte Phänomene und Gift für Schönwetterfußballer. Die Tierwelt dagegen hält sich im Normalfall höflich heraus, wenn sich 22 Sportler treffen, um dem Leder hinterherzujagen. Sieht man von ein paar Saatkrähen und jener Ente ab, die Sepp Maier in den 1970er-Jahren durch das Münchner Olympiastadion jagte. Dabei gibt es gar keine Regel, die Tieren den Zugang zu Fußballplätzen verwehrt.

! Sehr wohl aber ist seit 1896 exakt festgeschrieben, wie es sich zumindest hierzulande mit der Botanik verhält. Die „Jenaer Regeln" legten fest, dass Spielfelder frei von Bäumen und Sträuchern sein müssen.

Man kann sich ungefähr vorstellen, wie ein Spiel vor der Einführung dieser elementaren Vorschrift ausgesehen haben muss: Die Bälle landeten ständig im Blumenbeet, die Spieler rannten andauernd gegen irgendwelche Stämme – oder prallten wahlweise mit wild gewordenen Torhütern zusammen, die ihnen das Leder vom Fuß fingern wollten.

Der Regen prasselt
unaufhörlich hernieder

! Apropos Ball: Während auf dem Schulhof immer
noch gern mit einer Coladose gebolzt wird, gibt es
für offizielle Spiele das klare Gesetz, dass es sich
beim Fußball um ein Spielgerät in „Kugelform" handelt. Vom Material Leder ist übrigens schon lange
keine Rede mehr. Vermutlich auch besser so, denn
die seit der WM 1986 in Mexiko genutzten syntheti-
schen Bälle mit versiegelten Nähten verhindern die
Wasseraufnahme, die früher schon mit dem ersten
Tropfen begann. Damals wurden die Bälle in der Nässe
bleischwer. Insofern verwunderlich, dass Helmut
Rahn im strömenden Regen des WM-Finales von
1954 die Pille beim 3:2 „aus dem Hintergrund"
überhaupt bis zur Linie des ungarischen Tores dre-
schen konnte, ohne sich dabei den Fuß gebrochen
zu haben. Eigentlich ist diese Tatsache das wahre
„Wunder von Bern".

Frischfleisch

Wer dachte, dass müde oder verletzte Kicker schon
immer durch frische Kräfte ersetzt werden durften,
ist auf dem Holzweg.

! Erst seit 1969 sind Auswechslungen beim Fußball
gestattet. Früher mussten die angeschlagenen Kicker
eben die Zähne zusammenbeißen. Das wäre heute
undenkbar, schließlich gilt die Spezies des modernen
Fußballprofis nicht gerade als Ausbund an Tapferkeit.
Der beinharte Trainer Werner Lorant hat dazu einmal gesagt: „Schlimm ist dieses Gejammer. Tut hier
weh, tut da weh. Aber solange sie das Handy halten
können, muss ja noch genug Kraft da sein." Und der
frühere Präsident des 1. FC Kaiserslautern, Jürgen

„Atze" Friedrich, ergänzte mit Blick auf seine aktive Karriere: „Wir waren früher härter – bei uns gab's keine Verletzungen, sondern nur glatte Brüche." Dennoch kam es auch damals vor, dass einmal ein Spieler nicht weitermachen konnte. Dann mussten seine Kameraden eben ohne ihn das Spiel zu Ende bringen.

! Seit 1995 dürfen pro Mannschaft drei Auswechslungen vorgenommen werden. Und schon bald könnte es sein, dass ausgewechselte Spieler wieder aufs Feld zurückkehren können.

! In Bayern startete man zuletzt ein Pilotprojekt, hier dürfen Spieler in den Klassen von der Kreisliga abwärts zurückgewechselt werden.
So richtig begeistert sind die bajuwarischen Amateurfußballer davon nicht; es sei die Lizenz zum Zeitschinden, so das Hauptargument. Doch all diejenigen, für die am Wochenende neben der Jagd nach Punkt und Tor auch der gesellschaftliche Aspekt eine Rolle spielt, mögen es durchaus begrüßen, wenn der vom Vorabend noch schwere Kopf zwischenzeitlich mal eine Auszeit bekommt.

Nicht weniger als sieben, nicht mehr als elf!!!

Apropos Köpfchen. Der Philosoph Jean-Paul Sartre hat einst das Dilemma beim Kicken folgendermaßen auf den Punkt gebracht: „Bei einem Fußballspiel verkompliziert sich alles durch die Anwesenheit der gegnerischen Mannschaft." Dabei konnte man in den Kindertagen dieses Sports noch nicht einmal sicher sein, mit wie vielen Gegnern man es aufzunehmen hatte.

! Die ersten Fußballregeln, die 1848 von englischen Studenten der Universität Cambridge verfasst worden waren, sahen nur eine ungefähre Anzahl von Spielern vor: 15 bis 20 Mann bildeten damals ein Team. Erst 1870 wurde die Beschränkung auf elf Leute pro Mannschaft in den Regeln festgeschrieben. Und seither gibt es auch eine Untergrenze: Mindestens zu siebt muss ein Team zu Beginn eines Spiels auf dem Platz stehen, sonst pfeift der Schiri nicht an. Schon allein deshalb versuchten früher die Mannschaften des Ostblocks, ihren Kader vor Europapokalspielen im Westen möglichst eng beisammenzuhalten.

Der Torraub

Auch die Sache mit den Strafen für sportwidriges Verhalten musste sich erst entwickeln. Üble Typen wie der frühere Verteidiger von Tasmania Berlin, Herbert Finken, der sich seinen Gegenspielern stets mit den Worten „Mein Name ist Finken, und du wirst gleich hinken" vorstellte, hatten bei Schiedsrichtern immer schon einen schweren Stand.

! Bereits 1877 wurde der Platzverweis für besonders bösartige Regelverstöße eingeführt. Die Gelbe Karte folgte allerdings erst 1970 und damit nach Finkens aktiver Bundesligakarriere, die 1966 geendet hatte. Bis 1993 durften Abwehrspieler ihre Kontrahenten übrigens auch als letzter Mann foulen, ohne vom Platz gestellt zu werden. Erst dann führte man ein, dass eine Notbremse unweigerlich einen Platzverweis zur Folge haben muss.
Nur, damit keine Missverständnisse aufkommen: Wenn in Österreich von „Torraub" die Rede ist, dann meint man damit nicht, dass sich eine der beiden Mannschaft mit Gestänge und Netz vom Acker gemacht hat. Vielmehr handelt es sich bei dieser

skurrilen Bezeichnung um den dort üblichen, offiziellen Begriff für die Vereitelung einer klaren Chance, also um ein Synonym dafür, was man in Deutschland als Notbremse bezeichnet.

Abseits ist, wenn das Fähnchen hochgeht

Es gibt nicht wenige, die sich schon deshalb lieber mit Cricket oder Skat beschäftigen, weil ihnen das Fußballspiel zu billig, zu einfach ist. Nun stelle man sich einmal vor, die Abseitsregel würde auch noch abgeschafft werden. Klar, für viele Stürmer, die auch nach zahlreichen Profijahren noch nicht genau wissen, warum sie in manchen Situationen zurückgepfiffen werden, wäre es eine Offenbarung. Für alle Linienrichter mit Sehschwäche ebenfalls. Aber für alle anderen? Interessanter würde das Spiel dadurch gewiss nicht werden, auch wenn der deutsche Trainer Felix Magath ein vehementer Verfechter dieser Idee ist. Die Abseitsregel stirbt ohnehin einen schleichenden Tod.

! 1907 wurde Abseits in der eigenen Hälfte abgeschafft, 1920 nach Einwürfen. Seit 1990 ist gleiche Höhe kein Abseits mehr. Zur Jahrtausendwende wurde das passive Abseits eingeführt, nach der nur derjenige Balltreter zurückgepfiffen werden darf, der aktiv auf das Spielgerät aus ist.

Eine Regel, die seit ihrer Einführung mehr als umstritten ist, schließlich grenzt es schon an Beleidigung oder zumindest an böswillige Unterstellung, wenn man einem Fußballspieler vorwirft, passiv zu sein, oder gar, sich nicht an einem Spielzug zu beteiligen. Und dann dieses andauernde Wechseln von passiv zu aktiv – man kommt sich im Stadion schon fast vor wie bei einer Bilanzpressekonferenz.

! Dass die Regel vom passiven Abseits einer Überarbeitung bedurfte, das hatte der Weltverband FIFA
zeitig begriffen. Doch die anlässlich des Confederati-
ons Cup 2005 eingeführte Vorgabe, dass Linienrichter
erst dann die Fahne heben sollten, wenn ein Spieler
den Ball auch wirklich berührte, ging total in die
Hose. Stürmer rannten sich über 30, 40 Meter die
Seele aus dem Leib, um letztlich festzustellen, dass
der ganze Aufwand völlig für die Katz war. Selbst
bierernste deutsche Schiedsrichter lachten sich nach
eigenen Angaben über diese Norm kaputt, während
die Fußballwelt Sturm lief gegen die realitätsferne
Regel. Sie wurde ziemlich schnell wieder abgeschafft,
das passive Abseits allerdings blieb.

Von der Einsamkeit
des Schiedsrichters

So ist das oft bei Joseph „Sepp" Blatter und seinen
FIFA-Funktionären: Dinge, die dringend geändert
werden müssen, sind wie eingemeißelt. Man nehme
nur die dauerhafte Verweigerungshaltung, was tech-
nische Hilfsmittel angeht.

Würde ein Videorichter alles überwachen, dann
könnte man sich natürlich nicht mehr über so gro-
teske Fehlentscheidungen wie jene beim WM-Ach-
telfinale 2010 amüsieren, als der Schuss des Englän-
ders Lampard einen halben Meter hinter der
deutschen Torlinie aufkam, dieses klare Tor jedoch
vom Unparteiischen aus Uruguay unerklärlicher-
weise übersehen wurde. Aber der Gerechtigkeit
wird eben nur Genüge getan, wenn man die Unparteiischen und deren Unzulänglichkeiten in ihrer
Wahrnehmung unterstützt. Mitten im digitalen Zeit-
alter mit allen technischen Möglichkeiten und Dut-

zenden von Kameras im Stadion entscheiden ein paar einsame Männer auf dem Fußballfeld nur auf Grundlage ihrer Sehkraft in Bruchteilen von Sekunden über Sieg und Niederlage und damit über Haben und Nicht-Haben von Millionen von Euro. Wenn Jules Verne so etwas vor 150 Jahren in einer seiner Science-Fiction-Geschichten geschrieben hätte, man hätte ihn für verrückt erklärt.

Tod der Punkteteilung!

Andere Dinge, die eigentlich ganz gut funktionieren, will man in der Verbandszentrale im schweizerischen Nyon dagegen unbedingt ändern. Wie sagte Diego Maradona doch einst: „Jetzt fehlt nur noch, dass Blatter eines Morgens aufsteht und fordert, dass Fußball mit Dartpfeilen gespielt wird." Nun, darauf ist der quirlige Funktionär noch nicht gekommen, dafür treibt Blatter die fixe Idee um, das Unentschieden abzuschaffen – zumindest bei Weltmeisterschaften. Der Plan des globalen Fußball-Chefs dahinter ist der: Vorrundenspiele sollen attraktiver werden, die Teams davon abgebracht werden, zu taktieren und sich Pünktchen für Pünktchen dem Weiterkommen zu nähern.

Man denke an die Italiener im Jahr 1982: Drei Unentschieden – gegen Peru, Polen und Kamerun – brachten sie in die Zwischenrunden, und das nur, weil sie mehr Tore als Kamerun erzielten (2:2 gegenüber 1:1). Dann drehten sie so richtig auf und wurden am Ende Weltmeister. Für Blatter offenbar eine ungute Geschichte. Fragt sich nur, ob es bei Gleichstand nach 90 Minuten mit Verlängerung oder gleich Elfmeterschießen weitergehen soll. Oder mit einer Runde Dart.

Holländische Gladiatorenspiele

Der holländische Trainer Louis van Gaal hat sich
darüber auch mal seine Gedanken gemacht und vor-
geschlagen, das Elfmeterschießen abzuschaffen. Stattdessen plädiert der Fußballlehrer für „Gladiatoren-
spiele", was nicht heißt, dass nach 90 Minuten Löwen
und Tiger ins Stadion gelassen werden, die dann
je nach Trikotfarbe und Leibesfülle der einzelnen
Akteure mit der einen oder der anderen Mannschaft
aufräumen. Vielmehr meint van Gaal damit, dass jedes
Team nach und nach dezimiert wird. Und das soll so
funktionieren: Geht eine Partie in die Verlängerung
von zweimal 15 Minuten, wird alle 5 Minuten von
jeder Elf ein Mann herausgenommen. Nach 95 Minuten spielen 10 gegen 10, nach 100 Minuten 9 gegen
9. Ab der 115. Minute dann nur noch 6 gegen 6. Bei
einem Unentschieden nach 120 Minuten entscheidet
das Golden Goal.
Wir hätten da noch eine kleine Ergänzung zum
Vorschlag des bayerischen Meistermachers: Wenn
nach zweieinhalb Stunden kein Tor gefallen ist,
kommen doch noch Löwen und Tiger in die Arena.
Da bekäme die holländische Formulierung vom
Spiel um „Gladiolen oder Tod" eine ganz neue
Dimension.

Der Einwurf, das
unbekannte Wesen

Van Gaal hatte noch eine weitere Idee, für die übrigens auch Blatter und Magath zu haben sind: Er plädiert für eine Abschaffung des Einwurfs. Die Spieler
würden sich zweimal überlegen, ob sie die Kugel ins
Seitenaus bolzen, wenn der Gegner daraufhin eine
Art Freistoß von der Stelle bekommt, wo das Ding
über die Linie getreten ist, so seine Überlegung.

Felix Magath findet, eigener Einwurf sei bisher eher ein Nachteil: Die verteidigende Mannschaft habe es immer leicht, den Raum zuzustellen und schnell zu kontern.

! Der Einwurf ist bislang ja so ein bisschen das unbekannte Wesen im Fußball. Wenn etwa ein Spieler einen Einwurf – warum auch immer – so ausführt, dass der Ball, ohne einen weiteren Spieler zu berühren, ins eigene Tor geht, so gibt es, was kaum einer weiß: Eckball für den Gegner. Wenn er ihn ins gegnerische Gehäuse semmelt, gibt es dementsprechend Abstoß. Sollte aber zwischen Wurf und Tor ein Spieler den Ball berühren, zählt der Treffer.

Das weiß man in Deutschland seit den 80er-Jahren, als der Bremer Uwe Reinders den damals neuen Bayern-Torwart Jean-Marie Pfaff mit einem Einwurf zum Gespött machte. Der ist Belgier und machte gleich bei seinem Debüt deutlich, warum seine Landsleute einen ähnlichen Ruf wie die Ostfriesen haben.

Nackte Körper unerwünscht

Dann wollen wir uns noch ein bisschen mit den Klamotten der Fußballer beschäftigen, denn – ganz klar – auch da gibt es einiges zu berücksichtigen. Dass Torschützen, die sich ihres Trikots entledigen mit einer Gelben Karte bestraft werden, ist bekanntlich eine der dämlichsten Regeln des modernen Fußballs. Damit wird das harmlose Abstreifen der Textil-Pelle genauso heftig geahndet wie eine gesundheitsgefährdende Grätsche oder ein leichter Ellbogencheck. Das wäre ungefähr so, als würde im Strafgesetzbuch auf schweren Raub und Radeln auf der falschen Straßenseite gleichermaßen mehrere Jahre Zuchthaus stehen. Es drängt sich der Verdacht auf, dass die Idee

23

zum Stripverbot von einigen älteren Herren kam, die den Anblick junger, durchtrainierter Sportlerkörper vor Neid nicht mehr ertragen.

Jesus lieben verboten!

Aber nicht nur nackte Haut ist den Funktionären ein Graus – auch das, was die Profis drunter haben, muss exakt den Vorstellungen der Regelhüter entsprechen.
! So dürfen Spieler keine Unterwäsche mit Slogans oder Werbeaufschriften zur Schau tragen. Wer nun bei der Formulierung dieser Norm gleich an sexy Slips mit aufgedruckter Kondom- oder Viagra-Reklame denkt, dem sei mitgeteilt, dass diese Vorschrift natürlich in erster Linie auf unter den Trikots getragene T-Shirts gemünzt ist. Seit diese Regel im Sommer 2007 eingeführt wurde, dürfen die Mitglieder des Bibelkreises nicht mehr das gern genommene „Jesus liebt dich" aufs Hemdchen pinseln, auch Botschaften an die Familie („Muckelchen, Du bist mein wahrer Volltreffer") sind verboten.
Ein früherer St.-Pauli-Profi hatte stets ein Supermann-Leibchen gezeigt, wenn er das Runde mal ins Eckige bugsierte – ebenfalls untersagt – schließlich wird hier Werbung für eine kommerzielle Comicfigur gemacht.

! Apropos Werbung: In der UEFA Champions League ist auf mehr als 90 Seiten Reglement wirklich alles festgelegt, was man sich vorstellen kann. Natürlich auch, was passiert, wenn zwei Klubs aufeinandertreffen, die den gleichen Trikotsponsor haben. Dann spielt nämlich nicht Opel gegen Opel oder Ford gegen Ford. Nur der Heimverein darf mit dem Schriftzug der Firma auf der Brust antreten. Der Gastverein hingegen darf nur für ein Produkt dieses Sponsors werben. Im Fall der Fälle also Eon gegen Atomstrom, Barilla gegen Penne Rigate oder Bayer gegen Aspirin.

Ein Trikot ist ein Kleidungsstück mit Ärmeln

Die genaue Formulierung der Regel 4 – Ausrüstung der Spieler – wurde mit dem Verbot der Slogans auf der Unterwäsche einer kompletten Überarbeitung unterzogen, was nicht nur den innovativen T-Shirt-Schmieranten, sondern auch einer Horde unbezähmbarer Löwen geschuldet war. Das Nationalteam Kameruns war 2002 mit Trikots zur Weltmeisterschaft in Japan und Südkorea gereist, die keine Ärmel hatten. Modisch innovativ und optisch ansprechend, für die konservative Gilde der Anzugträger in den offiziellen Gremien jedoch ein kaum zu überbietendes Grauen.

! „Keine Ärmel, kein Hemd. Kein Hemd, kein Spiel", sagte FIFA-Sprecher Keith Cooper damals. Weil Leibchen-Fabrikant Puma nicht in der Lage war, auf diese unvorhergesehene Regelgrätsche in der gebotenen Kürze der Zeit zu reagieren, musste der Zeugwart der Kameruner sich mit Nadel und Faden bewaffnen und noch vor dem ersten Gruppenspiel gegen Irland Ärmelansätze an die Muskelshirts nähen.

Als Kamerun zwei Jahre später dann beim Afrika-Cup mit einem knallengen Einteiler antrat, war es mit dem Spaß endgültig vorbei: Die FIFA belegte die modebewussten Schwarzafrikaner mit einer Strafe von sechs Minuspunkten für die folgende WM-Qualifikation und 200 000 Franken Bußgeld. Es folgte ein fast zweijähriger Rechtsstreit, in dessen Verlauf der Weltverband den Punktabzug zurücknahm, während der Ausrüster aus Herzogenaurach seinerseits auf

25

Schadenersatz klagte. Am Ende war Puma auf dem besten Wege, Recht zu bekommen, doch man einigte sich außergerichtlich darauf, dass die FIFA Fußball-Hilfsprojekte in Kamerun in nicht genannter finanzieller Höhe unterstützen sollte.

! Die FIFA lernte aus ihrer beinahe fatalen Nachlässigkeit und formulierte die entsprechenden Paragrafen im Regelwerk um. Nun ist explizit von Trikot und Hose als „einzelnen Gegenständen" die Rede. Außerdem weist man darauf hin, dass ein Trikot ein T-Shirt „mit Ärmeln" ist.

Die Schmuck-Regel

Es gibt praktisch nichts, was durch die Gesetze des Fußballs nicht geregelt ist. So ist jede Form von Schmuck seit einigen Jahren auf dem Feld verboten. Und zwar komplett. Tricks wie jener von Cristiano Ronaldo, der sich seine Ohrringe früher einfach mit Heftpflaster überklebte, ziehen heute nicht mehr. Grund für das Verbot ist natürlich nicht, dass eitlen Gockeln wie dem portugiesischen Weltfußballer von 2008 der Fußballplatz als Laufsteg verwehrt wird. Vielmehr ist den Verantwortlichen die Verletzungsgefahr zu groß. Und in der Tat hat es Sinn, die Kicker nicht behängt wie die Weihnachtsbäume auf Torejagd zu schicken. 2004 etwa unterlief Paulo Diogo, einem Schweizer mit portugiesischen Wurzeln, ein fatales Missgeschick, als er nach einer Torvorlage für seinen Klub Servette Genf auf den Stadionzaun sprang, um mit den Fans zu feiern und beim Herabspringen mit dem Ehering hängen blieb. Er riss sich dabei zwei Glieder des Fingers ab – und erhielt ob seiner panikartigen Reaktion auf diesen Schock auch noch die Gelbe Karte – wegen übertriebenen Jubelns.

! Ein halbes Jahr nach diesem grausigen Vorfall kam dann die „Schmuck-Regel", die besagt, dass das Tragen von Ringen, Ketten, Lederbändern, Gummibändern und Haarreifen fortan verboten sei.

Es entspann sich sogleich eine heftige Kontroverse, auch in der Bundesliga. Lehrwart Eugen Striegel entgegnete allen Kritikern mit einer Trockenheit, wie sie nur einem Referee eigen sein kann: „Jeder kann seinen Ehering anbehalten, er darf dann eben nur nicht mitspielen." Oder er versucht, das edle Geschmeide vor dem Unparteiischen zu verstecken.

Hurensohn

Wobei es umso bitterer werden kann, wenn der Fußball-Polizist den Schurken dann doch noch ertappt. So geschehen bei einem deutschen Pokalspiel im Herbst 2010, als Hoffenheims Vedad Ibisevic von Schiri Stieler zunächst höflich gebeten wurde, seinen Ring abzulegen. Der Bosnier bot an, das in der Pause mit Seifenunterstützung zu erledigen. Doch der Mann mit der Pfeife blieb hart, was beim stolzen Südländer zu einem Ausraster führte: Er betitelte den Unparteiischen als „Hurensohn" – und sah die Rote Karte.

Platzverweis

! Der Respekt vor dem Ordnungshüter ist unabdingbar. Ihn als „Blinden" oder „Schieber" zu bezeichnen, fällt selbstverständlich unter die Rubrik „Schiedsrichterbeleidigung" und wird nach Regel 12 mit Platzverweis bestraft. Und die lautet: „Ein Spieler erhält mit der Roten Karte einen Platzverweis bei beleidigenden Worten und Gesten."

Natürlich darf man den Referee auch nicht der Lächerlichkeit preisgeben, erst recht nicht, wenn er nicht einmal über das Mindestmaß an Humor verfügt. Legendär die Anekdote mit dem späteren Essener Bundesligaprofi Willi Lippens, der sich in einem Jugendspiel lautstark darüber beschwerte, permanent getreten zu werden. Der schwarze Mann reagierte ungehalten und herrschte den Protestler mit den Worten an: „Ich verwarne Ihnen." Lippens blieb ganz cool und sagte: „Ich danke Sie." Dafür gab's jedoch keinen Comedy-Preis, sondern einen Platzverweis!

Pfeffer im Hintern

Schön auch eine Geschichte aus England, die sich im Herbst 2009 noch vor dem Spiel der unterklassigen Portsmouth Sunday League zwischen AFC GOP und Apsley House zutrug. Beim üblichen Stollencheck entwich dem Defensiv-Spezialisten Levi Foster vom AFC ein lauter Darmwind, der mitten im Gesicht des verblüfften Schiedsrichters Bunny Reid landete. Dieser fackelte nicht lange und zeigte Foster aufgrund der windigen Affäre die Gelbe Karte.
Dabei kam der 30-jährige Foster noch gut weg. Da sich der Schiri in seiner Ehre gekränkt fühlte, wollte er zunächst sogar einen Platzverweis verhängen, erst Fosters Erklärung, er habe am Abend zuvor zu viel Curry gegessen, ersparte ihm die Rote Karte. Zum Glück für sein Team: AFC GOP gewann mit 5:0 und Foster, offensichtlich mit viel Pfeffer im Hintern, wurde zum „Man of the Match" gewählt.

Wetten verboten

Eine Sperre gibt es auch für all jene Sportler, die im großen Stil betrügen, nicht nur mit Hilfe von Doping-mitteln, sondern auch zum Beispiel, um eine Wette zu gewinnen. Im DFB-Mustervertrag, jener Vorlage für alle Profiverträge im deutschen Fußball, ist seit der Hoyzer-Affäre ein neuer Passus eingearbeitet worden. Dort heißt es:

§ Der Spieler verpflichtet sich, es zu unterlassen, auf Gewinnerzielung gerichtete Sportwetten – selbst oder durch Dritte, insbesondere nahe Angehörige, für eigene oder fremde Rechnung – auf den Ausgang oder den Verlauf von Fußballspielen oder Fußball-wettbewerben, an denen Mannschaften des Vereins oder ggf. des Muttervereins oder der Tochtergesell-schaft mittelbar oder unmittelbar beteiligt sind –, abzuschließen oder dieses zu versuchen. Der Spie-ler darf auch Dritte dazu nicht anleiten oder dabei unterstützen, solche Wetten abzuschließen.

Für Trainer gibt es übrigens kein explizites Wettver-bot. Weshalb Mario Basler, der ja nun schon seit län-gerer Zeit nicht mehr aktiv ist, unter besonderer Beobachtung steht. Der passionierte Zocker hatte in seiner Zeit als Coach des Regionalligisten Ein-tracht Trier gesagt, er würde jederzeit auf sein Team wetten. Das rief sofort DFB-Präsident und Hoyzer-Jäger Theo Zwanziger auf den Plan, er gab Basler den provokanten Tipp, dass dieser überprüfen solle, ob sein Wettverhalten den Statuten entspreche. Bas-ler reagierte gereizt: „Wenn ich auf die Frage, ob ich auf mein eigenes Team wetten würde, mit Ja ant-worte, dann ist da doch gar nichts verwerflich dran. Anders wäre es, wenn ich gegen mein Team wetten würde." Und ergänzte in typischer Basler-Manier: „Ich konnte schon als Spieler nicht verlieren. Wenn mich jetzt jemand ansprechen würde, ein Spiel absichtlich zu verlieren, würde ich ihm auf die Fresse hauen."

Falsches Kreuzchen

Es ist schon gut, dass Kicker hierzulande nicht wetten dürfen. So bleibt ihnen wenigstens das tragische Schicksal des spanischen Erstligisten Real Valladolid aus dem Herbst 2001 erspart: Damals rettete der mexikanische Fußballheld Cuauhtémoc Blanco im Spiel beim haushohen Favoriten Real Madrid durch ein spätes Freistoßtor ein 2:2-Unentschieden, das aber nur kurzzeitig für Jubelstürme beim Underdog sorgte.

Der Grund: Valladolids Torwart, der Argentinier Albano Bizzari, hatte im Namen der Mannschaft einen Toto-Tippschein abgegeben und 14 der 15 Spiele richtig getippt. Nur beim Spiel seiner eigenen Mannschaft hatte der Keeper falsch gelegen – er tippte auf eine Niederlage gegen den Rekordmeister. Und dieses Kreuzchen kostete die Fußballer rund 4,5 Millionen Euro. Jeder Spieler hätte fast 200 000 Euro eingestrichen, so jedoch gab es nur 1150 Euro pro Nase. Untröstlich war Mexikos WM-Star Blanco über seinen späten Treffer im Bernabeu-Stadion: „Jetzt habe ich gemerkt, was mein Tor wirklich wert ist."

Gotteslästerung?
Keine Gotteslästerung!

Bisweilen sind es nicht die FIFA, die UEFA und der DFB, die den Spielern das Fußballern vergällen, sondern eine höhere Macht, die sich einmischt. Nämlich Allah höchstpersönlich. Nicht unbedingt hierzulande, da sind sogar Geistliche und Nonnen große Fans, die es jedoch zumeist ablehnen, für ihren Lieblingsverein zu beten. Dazu gibt es – der ein oder andere mag es kaum glauben – dann doch wichtigere Dinge auf der Welt. In der Bibel ist aber zumindest nichts von einem Verbot nach dem Motto zu lesen: „Du sollst nicht eine mit Luft vollgepumpte Plastikkugel ehren." oder „Du darfst nicht um die Wette dribbeln mit deinem Nächsten."

Das Fußballspiel ist immer
mit Frevel verbunden

In anderen Kulturkreisen sieht das schon anders aus. Denn obwohl man auch in islamischen Ländern mit Hingabe kickt, gibt es dort von Seiten der religiösen Führer massive Vorbehalte gegen die Balltreterei.

! Der offizielle Rechtsgutachter Saudi-Arabiens, Scheich Muhammad bin Ibrahim, etwa wird in dem Buch „Die sunnitischen Juwelen" ziemlich eindeutig zitiert: „Das Fußballspiel ist immer mit Frevel verbunden, infolgedessen muss es verboten werden. Außerdem führt es zu Parteilichkeiten und Gefahren für den Körper." Ein paar Seiten weiter hinten äußert sich Scheich Hamoud at-Tuajri in ähnlicher Richtung: „Das Fußballspielen wird lediglich von den Geistlosen unserer Zeit ausgeübt. Es ist die Nachahmung der Feinde Allahs. Es fällt unter das Unerwünschte, das verboten werden muss, weil es eine

Nachahmung der Ausländer ist. Es lenkt von Allahs Anbetung ab, es fügt den Spielern Verletzungen zu. Das Fußballspielen lockt zu Unverschämtheit und Perversion, die Spieler lassen ihre Oberschenkel unbedeckt, sie schauen sich die Oberschenkel der anderen an, deshalb gilt es als verbotene Unterhaltung."

Revanche statt Rote Karte

Auch die arabische Zeitung „Al-Watan" hat sich mit der Frage, ob der Fußballsport gläubigen Muslimen erlaubt ist, ziemlich detailliert beschäftigt und ist zu einem ebenso klaren Urteil gekommen. Die deftigsten Aussagen:

! „Ihr dürft Fußball spielen, wenn ihr die Sprüche der Gottlosen und Polytheisten nicht benutzt, zum Beispiel Out, Ecke, Foul, und ähnliche. Wer diese Ausdrücke verwendet, wird gezüchtigt und aus dem Spiel entfernt … Wenn einem Spieler eine Hand oder ein Bein während des Spielens gebrochen wird, darf das Spiel nicht vorübergehend gestoppt werden. Demjenigen, der diese Verletzung verursacht hat, darf nicht die Gelbe oder Rote Karte gezeigt werden. Der Verletzte muss sein Recht [gegen den Verursacher der Verletzung] gemäß des islamischen Gesetzes [arab. Schari'a] einfordern, das heißt Koran und Sunna anführen."

Damit meint der Text nichts anderes, als dass der Gefoulte unbedingt sofort Revanche nehmen muss. Wenn ihm also einer eine Blutgrätsche versetzt, dann ist er als gläubiger Moslem dazu verpflichtet, die eigenen Schmerzen zu ignorieren und den Kontrahenten sofort genauso brutal aus den Socken zu hauen.

§ Nach islamischem Gesetz muss eine Verletzung entweder mit derselben Art von Verletzung gesühnt oder vor Ort mit Geld entschädigt werden. Man stelle sich vor, wie ein muslimischer Kicker im Strafraum zu Boden geht, auf einen Elfmeter verzichtet und stattdessen die Hand aufhält.

Das Unentschieden ist der Wille Gottes

§ Zurück zu den Ausführungen der Fatwa: „Euer Motiv beim Fußballspiel muss sein, euren Körper durch das Fußballspiel zu stärken, so dass ihr besser im Kampf für Allah teilnehmen könnt. Bloße Freude und Unterhaltung sind nicht erlaubt. [...] Falls das Spiel unentschieden endet, verlängert das Spiel nicht und gebt keine Strafpunkte. Dies ist Nachahmung des Gottlosen und Einhaltung des internationalen Gesetzes. Geht in diesem Fall direkt nach Hause!"

Überflüssige Schiedsrichter

Womit die Moslems exakt gegenteilig zu Sepp Blatters Anregung argumentieren, das Unentschieden abzuschaffen. Und auch von den neuesten FIFA-Maßnahmen, zusätzliche Schiedsrichter zu platzieren, hält man im Islam nichts, ganz im Gegenteil:

! „Ihr dürft keinen Schiedsrichter haben. Nach der Abschaffung von Foul, Ecke und so weiter braucht man keinen Schiedsrichter mehr. Einen Schiedsrichter zu haben ist Nachahmung der Juden, Christen und Gottlosen. Außerdem ist es Befolgung des internationalen Gesetzes."

Fanausschreitungen erwünscht!

Auch noch äußerst bemerkenswert ist die Tatsache, dass die fundamentalistischen Moslems offenbar den so genannten Geisterspielen zugeneigt sind. Dazu heißt es in der Fatwa der Zeitung Al-Watan:

! „Während des Fußballspielens dürft ihr keine Zuschauer haben. Sagt zu denjenigen, die euch beim Spielen zuschauen wollen: Geht für Allah kämpfen! […] Wenn das Spiel vorbei ist, sprecht nie davon, wer von euch verloren und wer gewonnen hat oder wer von euch im Spielen besser als der andere war."

Also gut, wir sind folgsam … und wechseln das Thema.

Gurkengesetze von Brüsseler Darwinisten – alles Banane

Kurze Rede, gute Rede

Wir müssen an dieser Stelle einmal an einen Mann erinnern, der in jüngster Zeit nicht mehr allzu viel von sich reden macht, oder nur, wenn er von seinem Posten als Entbürokratisierer in Brüssel vor einen Untersuchungsausschuss in Bayern zitiert wird. Der Mann heißt Edmund Stoiber, war einst bayerischer Ministerpräsident und in dieser Funktion ausgemachter Befürworter einer Transrapidverbindung vom Münchner Hauptbahnhof zum Münchner Flughafen im Erdinger Moos, Entfernung etwa 37 Kilometer. Mit der S-Bahn braucht man heute für die genannte Strecke fahrplanmäßig 40 respektive 43 Minuten.

Was nun Ex-Landeschef Edmund Stoiber angeht: Er war – und ist – ein ausgemacht guter Redner: „Wenn Sie vom Hauptbahnhof in München … mit zehn Minuten, ohne, dass Sie am Flughafen noch einchecken müssen, dann starten Sie im Grunde genommen am Flughafen … am … am Hauptbahnhof in München starten Sie Ihren Flug. Zehn Minuten. Schauen Sie sich mal die großen Flughäfen an, wenn Sie in Heathrow in London oder sonst wo, meine sehr … äh, Charles de Gaulle in Frankreich oder in … in … in Rom. Wenn Sie sich mal die Entfernungen anschauen, wenn Sie Frankfurt sich ansehen, dann werden Sie feststellen, dass zehn Minuten Sie jederzeit locker in Frankfurt brauchen, um ihr Gate zu finden. Wenn Sie vom Flug … vom … vom Hauptbahnhof starten – Sie steigen in den Hauptbahnhof ein, Sie fahren mit dem Transrapid in zehn Minuten an den Flughafen in … an den Flughafen Franz Josef Strauß. Dann starten Sie praktisch hier am Hauptbahnhof in München. Das bedeutet natürlich, dass der Hauptbahnhof im Grunde genommen näher an Bayern … an die bayerischen Städte he-

ranwächst, weil das ja klar ist, weil auf dem Haupt-
bahnhof viele Linien aus Bayern zusammenlaufen." *Kommentar überflüssig.*

Allerdings hat der Genuss dieser Zeilen mit etwas
Abstand dann doch einen leicht säuerlichen Nachge-
schmack. Denn in Anbetracht der eher umständli-
chen Art, einfache Sachverhalte auszudrücken, wirkt
die Tatsache, dass ausgerechnet ihr Urheber, Edmund
Stoiber, nunmehr EU-Beauftragter für den Abbau
von Bürokratie ist, schon ein wenig grotesk. Ausgerechnet einer, der in seinen Formulierungen gern
mal von hinten durch die Brust ins Auge will, ist also
dafür verantwortlich, die rund 80 000 Seiten, die das
Paragrafenwerk der Europäischen Union mittlerweile umfasst, von Sprachballast, von leeren Worthülsen und überflüssigen Regeln zu befreien.

Von der Notwendigkeit, die Mitgliedsländer vom
Klebstoff bürokratischer Spinnweben zu erlösen,
sind alle überzeugt. Aber, mal unter uns: Ist dieser
Mann die Idealbesetzung für diesen Job? Jemand,
der – wohlmeinend gerechnet – sieben Sätze
braucht, um einen nicht wirklich komplizierten Sach-
verhalt auszudrücken. Und das in einer sprachlichen
Qualität, die keinen Vergleich mit den ersten Geh-
versuchen eines Absolventen des VHS-Kurses
Deutsch für Ausländer zu scheuen braucht. Was
wollte uns Stoiber mit seinem wenig geglückten
Referat über „zehn Minuten … Hauptbahnhof und
Charles de Gaulle" eigentlich mitteilen? Vielleicht
Folgendes: „Mit dem Transrapid brauchen Sie für die
Strecke Hauptbahnhof-Flughafen zehn Minuten. So
viel Zeit benötigen Sie in anderen europäischen
Flughäfen allein, um ihr Gate zu finden." *Geht doch!*

Wenn es nur das Reden wäre! – Einer der ersten
Vorschläge Edmund Stoibers auf dem Weg zum Büro-

kratieabbau ist der, eine neue Behörde zu schaffen, die neue Gesetzesvorschläge auf unnötige Bürokratie hin kontrolliert. Nun, wir wollen hier nicht der Frage nachgehen, wie viele Paragrafen beschlossen werden müssen, um eine solche Behörde zu installieren.

Schauen wir uns doch lieber mal an, womit es der Stoiber Edmund und seine Mannen so zu tun haben auf ihrem Weg zur Entrümpelung.

Gurkentruppe

! Mal gleich eins vorweg: Die Gurkenkrümmungsnorm ist längst tot. Das wohl berühmteste Zeugnis europäischer Regelungsbeflissenheit wurde 2009 abgeschafft. Schade eigentlich. Die Verordnung Nr. 1677/88/EWG zur Festsetzung von Qualitätsnormen für Gurken war schließlich ein perfektes Beispiel für die Überbürokratisierung der EU-Normen und erinnerte manchmal ein bisschen an ein Gespräch unter paarungswilligen Machos, die sich derart frauenfeindlich über mehr oder weniger perfekte Schönheitsideale unterhalten, dass jedes weibliche Wesen auf die Barrikaden gehen würde.

§ Gurken (der Klasse Extra) müssen von höchster Qualität sein und müssen alle sortentypischen Merkmale aufweisen.
Sie müssen gut entwickelt sein, gut geformt und praktisch gerade ... eine für die Sorte typische Färbung haben, frei von Fehlern sein, einschließlich aller Formfehler ...
Gurken der Klasse 1 müssen auch gut entwickelt, aber nur noch ziemlich gut geformt und praktisch gerade sein, diverse Fehlerchen sind erlaubt ...
Interessant wird es dann hier:

§ Krumme Gurken dürfen nämlich eine größere Krümmung aufweisen.

In der Welt der Chauvinisten würde das etwa so klingen: Hässliche Mädchen, mit denen man sowieso nichts anfangen will, dürfen hässlich sein.

Leider würde der Abdruck des gesamten Wortlauts der Verordnung an dieser Stelle zu weit führen. Insgesamt fünf Seiten nämlich benötigten ihre Verfasser, um zu erklären, was nun genau eine Gurke ist und sein darf und dass eine solche auf zehn Zentimetern Länge eine maximale Krümmung von zehn Millimetern haben durfte. Und was ist laut EU ein grünes, längliches Gemüse aus der Familie der Kürbisgewächse, das eine Elf-Millimeter-Biegung aufweist? Sagen wir es so: Nichts Halbes und nichts Ganzes, ein Zwitter aus Gurke und Nicht-Gurke – sozusagen eine gurkenähnliche Missgeburt.

Nun muss man den Erfindern des legendären Gurkentraktats zugutehalten, dass sie das umfassende Regelwerk nicht aus Spaß an der Freud niedergeschrieben haben, sondern vielmehr aus Rücksicht auf die Gemüse-Industrie. Einheitlich geformte und beinahe gerade Gurken lassen sich natürlich viel, viel besser verpacken, stapeln und verschicken als die krummen Hunde, die man im Hofladen beim nächsten Bio-Bauern kaufen kann.

Ähnlich normiert sind im Übrigen heute noch immer Äpfel, Zitrusfrüchte, Salate, Erdbeeren, Paprika und Tomaten. Ein Apfel etwa muss mindestens sechs Zentimeter Durchmesser haben, um als solcher durchzugehen, und mindestens 90 Gramm wiegen – das gilt für den wunderbar giftgrünen Granny Smith genauso wie für den goldgelb schimmernden Golden Delicious. Und wehe, das knackig-saftige Früchtchen weist ein Wurmloch auf wie praktisch

39

jedes zweite Exemplar im Garten hinter dem Haus – dann ist es ganz schnell vorbei mit der Existenz als EU-Apfel.

Auch bei den Erdbeeren herrscht gnadenloser Darwinismus: Eine Erdbeere muss von einer Seite bis zur anderen mindestens 18 Millimeter dick sein, klein gewachsenen Mickerlingen droht das sofortige Karriereende. Das gilt übrigens auch, wenn irgendein Gierschlund vom Beerchen die Hälfte abbeißt.

Zufällige Regelmäßigkeiten

Zum Thema Obst haben wir noch einen Paragrafen gefunden, in dem die Eurokraten ihren unnachahmlichen Definitionswahn auf die Spitze getrieben haben. Es geht um die Obstanlagenerhebung:

§ Regelmäßige Haine sind Flächen, auf denen Bäume in einer bestimmten Weise angepflanzt werden, so dass kompakte Haine mit einer gleichmäßigen Zahl von Bäumen …entstehen …Regelmäßige Haine werden in GEMISCHTE und NICHT GEMISCHTE regelmäßige Haine unterteilt. Nicht gemischte regelmäßige Haine sind mit lediglich einer Obstbaumart bepflanzt, zum Beispiel nur mit Pfirsichbäumen, nur mit Apfelbäumen usw. Gemischte regelmäßige Haine sind regelmäßige Haine, die mit mehreren Baumarten bepflanzt sind – zum Beispiel mit Orangen- und Olivenbäumen, Birnen- und Äpfelbäumen oder Pfirsich- und Kirschbäumen usw. – und auf denen die Bäume der einen Art zwischen denen der anderen Arten in einer geordneten und nicht völlig zufälligen Weise gepflanzt sind …

Ob ein gemischter Hain als regelmäßig zu bezeichnen ist, hängt nicht davon ab, ob die Bäume im Hain alle zur selben Familie gehören. Entscheidend ist, dass die Bäume der verschiedenen Arten einen kompakten regelmäßigen Hain bilden.

Alles Banane

Interessanterweise lässt sich der EU-Normenkatalog nicht darüber aus, wie krumm eine Banane sein muss, trotz der ebenfalls umfassenden Bananenverordnung. Geregelt sind nur ihre Länge und ihr Durchmesser. Stolze 14 Zentimeter soll sie mindestens aufs Maßband bringen, und ihr Durchmesser muss 2,7 Zentimeter umfassen. Insgesamt gesehen muss sie also von schlanker Gestalt sein.

§ In allen Güteklassen müssen die Bananen vorbehaltlich der besonderen Bestimmungen für jede Klasse und der zulässigen Toleranzen wie folgt beschaffen sein:
- grün, nicht gereift, ganz; fest;
- gesund; ausgeschlossen sind Erzeugnisse mit Fäulnisbefall oder anderen Mängeln, die sie zum Verzehr ungeeignet machen;
- sauber, praktisch frei von sichtbaren Fremdstoffen;
- praktisch frei von Schädlingen;
- praktisch frei von Schäden durch Schädlinge;
- mit unversehrtem, ungeknicktem, nicht ausgetrocknetem Stiel, frei von Pilzbefall;
- ohne Blütenstempel;
- frei von Missbildungen und anormaler Krümmung der Finger;
- praktisch frei von Druckstellen;
- praktisch frei von Kälteschäden;
- frei von anormaler äußerer Feuchtigkeit;
- frei von fremdem Geruch und/oder Geschmack.
Ferner müssen die Händebeziehungsweise Cluster (Handteile) aufweisen:

- ein ausreichendes, gesundes Stück Krone normaler Färbung ohne Pilzbefall;
- eine glatte Schnittstelle an der Krone ohne Scharten, Abrissspuren oder Schaftteile.

Entwicklung und Reifezustand der Bananen müssen so sein, dass sie
- Transport und Hantierung aushalten,
- in zufriedenstellendem Zustand am Bestimmungsort ankommen und nach Reifung einen angemessenen Reifegrad erreichen.

Ach, hätte sich doch auch mal jemand über den Geschmack des Musa paradisiaca, des so genannten Affenmannas, ausgelassen. Der ist ebenso einheitlich fad wie die grüngelbe Farbe der typischen Supermarktbanane, ganz gleich, wie viel Gedöns um sie gemacht wird und ob es sich um Extra-Klasse-Bananen handelt, ob die Chiquita wie in der Güteklasse I „leichte Formfehler" hat oder gar leichte durch Reibung hervorgerufene Schalenfehler sowie sonstige oberflächliche Fehler.

Wir empfehlen: Einfach runter mit der Schale, das ist nicht nur für den Verzehr ratsam, sondern relativiert oftmals auch äußerliche optische Defizite. Und es lässt sich noch viel mehr sagen über ein solch prosaisches, wenn auch durchaus farblich ansprechendes Objekt wie die Banane.

§ Länge und Dicke der Referenzfrucht, anhand derer die Größensortierung erfolgt, werden gemessen
- am mittleren Finger der äußeren Reihe einer Hand;
- am ersten Finger der äußeren Reihe eines Clusters neben der Schnittstelle, mit der die Hand zerteilt wurde.

Wir ersparen Ihnen den umfangreichen und literarisch wenig wertvollen Rest aufgrund der Erkenntnis, dass zehn Minuten, ohne dass Sie ein Gläschen Bananen-

*schnaps dazu bekommen, dass zehn Minuten Banane —
schauen Sie sich mal die großen Bananenerzeugerländer
an — wenn Sie also die Banane mit praktisch im Grunde
genommen all ihren Clustern, also Sie jederzeit locker in
zehn weiteren Minuten völlig Banane machen würde.*

Geistige Genüsse

Wer Bananen nicht mag, also auch keinen Schnaps
aus denselben, den interessieren vielleicht die folgenden Ausführungen zum Thema Getreide.

§ Verordnung (EG) Nr. 1784/2002 der Kommission
(...) zur Festsetzung der im Zeitraum 2002/2003 für
das in Form von Scotch Whisky ausgeführte Getreide anzuwendenden Koeffizienten.
*Wer oder was soll da ausgeführt werden? Körner in
ihrer Rohfassung? Hochprozentiges? Oder doch nur der
Koeffizient? Da scheint einer der Gesetzestexter zu tief
in den Koeffizienten geschaut zu haben. Das wollen* wir
jetzt doch noch mal ganz genau wissen:

§ Nach Artikel 4 Absatz 1 der Verordnung (EWG) Nr.
2825/93 gilt die Erstattung für Getreidemengen, welche unter Kontrolle gestellt, gebrannt und jährlich
mit einem je beteiligten Mitgliedstaat unterschiedlichen Koeffizienten multipliziert werden. Dieser
Koeffizient drückt, unter Berücksichtigung der Ver-
änderungen, die bei diesen Mengen während der
Jahre eingetreten sind, die den durchschnittlichen
Reifezeiten des betreffenden alkoholischen Getränks
entsprechen, das Verhältnis aus zwischen den ausge-
führten und den vermarkteten Gesamtmengen des
betreffenden alkoholischen Getränks. Nach den vom
Vereinigten Königreich für die Zeit vom 1. Januar bis
31. Dezember 2001 eingereichten Angaben belief
sich die durchschnittliche Reifezeit bei Scotch

Whisky 2001 auf sieben Jahre. Es sind die Koeffizienten für die Zeit vom 1. Oktober 2002 bis 20. September 2003 festzulegen.

Wer sich beruflich mit solchen Spitzfindigkeiten beschäftigt, muss doch zum Trinker werden. In diesem Sinne: Prost!

Tomatensugo

Genug gebechert. Wenden wir uns der Tomate zu, in Österreich spricht man – was weitaus liebevoller klingt – vom Paradeiser. Dieser himmlische Name schützt sie aber auch nicht vor der ziemlich weltlichen Normierungswut der EU-Bürokraten. Nein, vielmehr ist sie ein Musterbeispiel an Normerfüllung. Per se frei von unappetitlich normabweichenden Krümmungen, ist sie praktisch die von Gott gegebene Idealbesetzung als Objekt eurokratischen Regulierungswahns. Keine fügt sich so gleichmäßig in die Supermarkt-konforme Pappschachtel wie sie, und das nicht nur, wenn sie aus Holland kommt. Die Sonne hat sie in ihrem alles andere als „paradeisischen" Tomatenleben noch nie gesehen und, selbst wenn wir damit allen holländischen, spanischen, französischen Tomatenproduzenten auf die Füße treten – genau so schmeckt sie auch. Wie eine rot angemalte Wasserbombe.

Tatsächlich aber sind gerade die Niederländer, deren Tomaten lange Zeit absolut verpönt waren, Vorreiter in Sachen biologischen Pflanzenschutzes. Sie sind auch konkurrenzlos, was die Entwicklung neuer Sorten angeht. Cocktail-, Strauch-, Kirsch-, Flaschen- oder Fleischtomate – alles Produkte der holländischen Kreativität. Und sie alle sehen wunderbar aus, wenn sie da so schön gestapelt im Regal liegen oder sich in perfekter Regelmäßigkeit und EU-genormt um kleine Zweige gruppieren, die auch ganz delikat riechen, wenn man die Nase in die Gemüsetüte steckt. Das böse Erwachen kommt beim Biss ins rote Nass: Fad wie ein Holzschuh, allenfalls ein Abklatsch einer Tomate – vom Paradies Lichtjahre entfernt.

Die eurokratische Regelungswut geht aber noch viel weiter. Selbst wenn die Tomate längst ihrer prallen Form beraubt, zerhackt, zerteilt, gepresst ist, vielleicht in ordentlichen Vierteln eine Pizza schmückt oder in Flockenform getrocknet in einem Karton verschwunden ist, schwebt das Fallbeil der europäischen Inquisition über dem armen, gemarterten Objekt, droht das unendliche Fegefeuer der mangelnden Wertigkeit.
Hier die tragischsten Formulierungen:

§ Geschälte Tomaten müssen frei sein von erzeugnisfremdem Geschmack und Geruch; ihre Farbe muss für die verwendete Sorte und für ordnungsgemäß verarbeitete geschälte Tomaten kennzeichnend sein.

§ Tomatenflocken müssen eine charakteristische rote Farbe und einen kräftigen Geschmack aufweisen.

§ Tomatensaft und Tomatensaftkonzentrat müssen eine charakteristische rote Farbe und einen kräftigen Geschmack aufweisen, der für ein sachgerecht verarbeitetes Erzeugnis kennzeichnend ist.
Und schließlich die Mutter aller Verordnungen zur Verarbeitung der guten alten Tomate:

§ Geschälte Tomaten müssen praktisch frei sein von Schalen. *Da hätten wir auch noch ein paar Verordnungen Marke Eigenbau im Köcher. Wie wäre es mit: Gebrauchte Autos dürfen nicht neu sein. Oder: Rucksäcke muss man auf dem Rücken tragen können.*

Eine Pizza ist eine Pizza
ist eine Pizza

Auch mit unser aller Lieblingsgericht nimmt man es
in Europa ganz genau. Jenes traditionelle Arme-
Leute-Essen aus Mehl, Wasser, Salz und einem bisschen Olivenöl, entstanden in den Küchen Neapels
und – einer Legende nach – bis in den Speisesaal
König Umbertos I. und seiner Frau Margherita im
Jahr 1889 vorgedrungen, hat man in Brüssel jeglicher
italienischer Gaumenfreude zu berauben versucht.
Also kein „bravo oder magnifico" für den Pizzabä-
cker, der mit Schürze und Kochmütze zwischen Töp-
fen und gehacktem Knoblauch den Teigfladen durch
die Luft sausen lässt.

Stattdessen ein betretenes Beifallklopfen für ein paar
Salonlöwen, die in einem klinisch reinen Brüsseler
Bürokasten Paragrafen reiten, in einer Stadt, die vielleicht für ihre Waffeln bekannt ist, ihre zart schmelzenden Pralinen, ihr süffiges Bier und ihre fettigen
Pommes frites, aber nicht für ihre Hinwendung zu
italienischer Genussfreude.
Also haben die Eurokraten in ihrer Pedanterie aufs
Allergenaueste festgelegt, was man denn da isst,
wenn man sie isst, die Margherita oder Marinara genannten Originale. Wenn sie also eine echte Europea
sein möchte, hat sie sich den europäischen Vorgaben
zu fügen:

§ Eine Pizza muss beim Anfassen und im Biss weich
  sein.
  In einer neuen Verordnung von 2008 heißt es, sie
  müsse:

§ einen charakteristischen Duft verströmen,
  und was ihren Belag angeht, so soll

§ das Rot der perfekt mit dem Öl vermischten Tomate und, je nach verwendeten Zutaten, das Grün des Oregano und das Weiß des Knoblauchs ins Auge fallen.
Damit soll sie farblich auf ihre Herkunft verweisen. Es wird im Regelwerk sogar darauf hingewiesen, dass

§ die Pizza Napoletana direkt nach der Entnahme aus dem Ofen gegessen werden soll.
Wenigstens erspart man uns weitere Empfehlungen, zum Beispiel wie unser Tagesablauf zu gestalten ist.

Süßes zum Ersten: Vom Eindicken und Ausscheiden

In der Welt des Genusses lassen sich aber durchaus noch ein paar Schmankerl finden: die Honig-Richtlinie – Vorsicht! Der erste Absatz ist nichts für Honigliebhaber. Deshalb fassen wir ihn auch nur kurz zusammen. Hier geht es um Absonderungen von Pflanzenteilen und Ausscheidungen von Insekten. Die Bienen sammeln die ganzen Exkremente dann zusammen, vermischen sie mit eigenen Substanzen – die wir uns nicht genauer vorstellen wollen, lagern sie ab, dicken sie ein und lassen sie dann reifen. Weniger unappetitlich und höchst erhellend geht es dann weiter:

§ Blütenhonig oder Nektarhonig ist Honig, der aus Nektar oder Pflanzen stammt.
Hätten wir die EU-Gesetzgebung nicht, wir würden wahrlich zu einem Leben im Tal der Ahnungslosen verdammt sein.

So weit, so gut, aber was den Honig neben seiner Süße, seiner Klebrigkeit und den ihm nachgesagten positiven Auswirkungen auf die Gesundheit ausmacht, ist seine elektrische Leitfähigkeit. Die EU hat festgelegt, dass der elektrische Widerstand beim normalen Honig bei 0,8 Mikrosiemens pro Zentimeter liegen soll.

Was das ist? Sagen Sie bloß, Sie haben im Physikunterricht nicht aufgepasst? Dann liefern wir die sehr simple und gut verständliche Erklärung nach, so wie es in der entsprechenden EU-Verordnung steht: Mikrosiemens benennt die Menge der gelösten Teilchen in ppm (parts per million/Teilchen pro Millionen).

Was das nun für Sie heißt? Nun, hätten Sie im Physikunterricht nicht immer nur den Lehrer geärgert … Aber vermutlich wären Sie dann auch nicht schlauer, zumindest nicht, wenn sie vor dem Supermarktregal nach einer Entscheidungshilfe zwischen dem gelben, cremigen, dem goldschimmernden, flüssigen oder dem weißen, buttrigen Honig suchen.

Tatsächlich lassen sich durch die unterschiedliche Leitfähigkeit der Honigsorten Rückschlüsse auf ihre Herkunft und ihre Inhaltsstoffe ziehen. Ein unschätzbarer Vorteil, solange man Bienen nicht fragen kann, ob sie ihre Pollen im Lindenhain, auf der Blumenwiese oder im Kastanienwald gesammelt haben.

Süßes zum Zweiten: Vom Dickwerden und Hinschmelzen

Und wenn wir schon bei den süßen Naschereien sind, können wir die Gelegenheit nicht ungenutzt verstreichen lassen, gegen eines der neuesten EU-Vorhaben zumindest verbal Sturm zu laufen. Ein Plan, der den uns nachfolgenden Generationen ein Vergnügen vergällen wird, das seinesgleichen nicht hat. Nie gehabt hat und nun, wenn's ganz schlimm kommt, selbst keines mehr sein wird: der Genuss jener zart schmelzenden Haselnusscreme, die schon Generationen von Kindern das Frühstücksbrot versüßt hat.

Wer schon einmal jenes Original in seinem cremigsten Aggregatzustand am sonnenbeschienenen Frühstückstisch von einem Löffel geleckt hat, der weiß, wovon wir reden. Da muss man nicht Nationalfußballer sein, nicht Özil heißen oder Neuer. Und nun will das Europäische Parlament hergehen und große Aufkleber auf dem appetitlichen Glas angebracht sehen, die in unappetitlich-profanen Lettern darauf hinweisen, dass der Brotaufstrich ungesund ist. Nur weil ein bisschen Fett und Zucker drin sind – nun, zugegeben, die Haselnusscreme besteht zu 60 Prozent aus Fett und Zucker.
Aber was ist schon das bisschen Hüftspeck, mit dem wir die Morgengabe büßen, gegen die pure Hingabe …

Des Mannes bestes Stück

Apropos Hingabe – eine Frage an die männliche Leserschaft: Haben Sie Ihren schon mal gemessen? Aber verglichen doch ganz sicher, oder nicht? Und? Sind Sie dabei auf mehr als 14 Zentimeter gekommen? Nicht? Na, da müssen Sie sich gar nichts dabei denken.

Woher die EU-Beamten die Überzeugung nehmen, der europäische Durchschnittspenis würde sich der 20-Zentimeter-Marke annähern, ist unklar. Entsprechend hat die EU die Normgröße für Kondome auf 17 Zentimeter festgelegt, 56 Millimeter sollen sie im Durchmesser sein und, warum auch immer, 5 Liter Flüssigkeit aufnehmen können, ohne zu platzen.

49

Nun liegt die Durchschnittsgröße des gewöhnlichen erigierten Penis im Raum Essen aber nur bei 14,48 Zentimetern, der Durchmesser bei 39,5 Millimetern. Das wurde unlängst bei einer Untersuchung festgestellt. Wie? Essen liegt im Ruhrpott und der Kohlenstaub in der Luft soll womöglich schuld daran sein, dass die Dinger nicht dem europäischen Normmaß entsprechen?

Gilt nicht. Kohlebergbau ist heute nicht mehr, hier grünt und blüht es so, dass die Gegend zur Kulturhauptstadt des Jahres 2010 ernannt wurde – übrigens auch eine europäische Idee. Daher kann man also davon ausgehen, dass die erfragten Ergebnisse repräsentativ sind für den halbwegs gesunden Mann in Deutschland, Italien, Österreich, Dänemark und andernorts in Mitteleuropa. Nun soll der europäische Penis noch einmal ganz genau unter die Lupe genommen werden, nicht dass am Ende die bunten Tütchen zu groß sind, vor der Zeit herunterrutschen und Europa nachwuchsmäßig völlig aus dem Ruder läuft – was vermutlich eine weitere Flut von Verordnungen nach sich ziehen würde.

Seehunde auf Sizilien

Was immer wieder zu Kuriositäten in der Gesetzgebung führt, ist die Tatsache, dass eine gesetzliche Regelung nicht nur für den Einzelfall passen, sondern allgemeine, umfassende Gültigkeit haben soll. Man geht bei diesen Normen also davon aus, als ob EU-Land eine kulturelle und sogar klimatische Einheit wäre. Als ob Tomaten in Finnland wachsen würden oder sich Seehunde auf Sizilien angesiedelt hätten.

! So und nur so ist zu erklären, dass laut der EU-Richtlinie 2000/9/EG aus dem Jahre 2004 alle europäischen Städte ein Seilbahngesetz erlassen müssen, auch wenn der höchste Berg nur ein Schlittenhügel ist oder eine Müllkippe. Man kann sich durchaus vorstellen, dass die Niederländer Tränen gelacht haben, als sie die Richtlinie in nationales Recht umsetzen mussten.

Wer sich aber sträubt, hat schlechte Karten in der EU. Die Kommission verhängt harsche Strafen. Bis zu 800 000 Euro muss bezahlen, wer sich nicht beugt, auch der Verweis auf fehlende Berge im innerstädtischen Bereich nutzt da gar nichts. Schließlich hat Köln auch keine Berge – aber eine Seilbahn.

Nun, die Berliner haben sich gefügt, immerhin ist man ja ohnehin notorisch klamm in der Hauptstadt und wollte daher wohl keine Strafzahlung riskieren. Also hat man sich von den Bayern die entsprechende Gesetzgebung einfach ausgeliehen. Auch wenn man an der höchsten Stelle des Prenzlauer Bergs gerade mal 91 Meter über dem Meeresspiegel steht.

Im Schacht

Ähnlich wie Seilbahnen hängen auch Aufzüge an Stahlstricken und, ganz im Unterschied zu Erstgenannten, man kann Aufzüge überall bauen, auch unterhalb des Meeresspiegels, wenn es sein muss. Dann ist es aber auch schon vorbei mit den Selbstverständlichkeiten. So ein Aufzug ist eine sehr, sehr komplizierte Sache.

§ Aufzugsrichtlinie
Im Sinne dieser Richtlinie gilt als Aufzug ein Hebezug, das zwischen festgelegten Ebenen mittels eines Fahrkorbs verkehrt, der zur Personenbeförderung, sofern der Fahrkorb betretbar ist (das heißt, wenn eine Person ohne Schwierigkeit in den Fahrkorb einsteigen kann) und über Steuereinrichtungen verfügt,

die im Innern des Fahrkorbs oder in Reichweite einer dort befindlichen Person angeordnet sind, nur zur Güterbeförderung bestimmt ist und an starren Führungen entlang fortbewegt wird, die gegenüber der Horizontalen um mehr als 15 Grad geneigt sind. Aufzüge, die nicht an starren Führungen entlang, aber nach einem räumlich vollständig festgelegten Fahrverlauf fortbewegt werden, fallen ebenfalls in den Anwendungsbereich dieser Richtlinie.

Diese Richtlinie gilt nicht für seilgeführte Einrichtungen, einschließlich Seilbahnen, für die öffentliche und nichtöffentliche Personenbeförderung, Bühnenaufzüge, in Beförderungsmitteln eingebaute Aufzüge, mit einer Maschine verbundene Aufzüge, die ausschließlich für den Zugang zum Arbeitsplatz bestimmt sind, Zahnradbahnen, Baustellenaufzüge zur Personenbeförderung oder zur Personen- und Güterbeförderung …
…und so weiter, und so weiter, und so weiter …
Da nimmt man doch lieber die Treppe.

Allein im Euro-Regel-Land

Vermutlich hätte die Hauptdarstellerin der folgenden Szene auch eine offene Plattform an vier Seilen akzeptiert, wenn sie damit nur ein paar Meter nach oben gekommen wäre.
Eine große U-Bahn-Station: Eine junge Mutter, eine Hand am Kinderwagen mit Säugling, an der anderen Hand einen Zweijährigen, des Laufens mächtig, aber auf kurzen Beinchen unterwegs. Alle drei verharren am Fuß einer langen Rolltreppe. Oben wartet der Anschlusszug. Vielleicht ist die Rolltreppe auch nur der kürzeste Weg nach Hause. Jedenfalls will die Mutter im dicken Wintermantel nach oben. Gerade setzt sie den Fuß auf die Rolltreppe, noch einen Au-

genblick verschnaufen beim gemächlichen Rollen nach oben, als sie verblüfft innehält – das rot umrandete Schild mit durchgestrichenem Kinderwagen-Symbol ist eindeutig.

Sie zerrt also Kind und Kinderwagen gegen den Strom der nachdrückenden Passanten weg von der Rolltreppe. Ihr suchender Blick findet schließlich einen Hinweis auf den Aufzug, den sie noch nie benutzt hat, weil sie dafür quer durch den Bahnhof laufen muss. An der Aufzugtür hängt ein unscheinbarer weißer Zettel, den man erst sieht, wenn man direkt davorsteht: Außer Betrieb.

Inzwischen quengelt der Zweijährige. Für den Säugling naht die Fläschchen-Zeit. Die Mutter schwitzt. In der Ferne sieht sie die Treppe. Als sie, den Zweijährigen hinter sich herzerrend, den Treppenabsatz erreicht, ist sie völlig allein im U-Bahn-Geschoss. Der Säugling ist aufgewacht, heult, die Treppe hat mindestens 54 Stufen, der Zweijährige heult ebenfalls.

! Mit der neuen Sicherheitsnorm EN 115 hat die EU jungen Eltern mit kleinen Kindern doch einen richtig großen Gefallen getan. Seit 1. Januar 2010 verbietet sie, Kinderwagen auf Rolltreppen zu befördern. Für die Kinder zu gefährlich, so die Begründung. Denn es habe immer wieder schwere Unfälle auf Rolltreppen gegeben – sogar einen tödlichen, ist aus der zuständigen Arbeitsgruppe der EU zu vernehmen. Das Verbot diene dem Schutz der Kinder – und ihrer Eltern, denen man in Brüssel natürlich keinerlei eigenes Verantwortungsgefühl zugesteht. Wie gefährlich es aber ist, einen Kinderwagen ohne Hilfe eine steile und lange Treppe hinauf oder auch hinunter zu befördern, weiß jeder, der es schon einmal selbst probiert hat. Und was Bahnhofsaufzüge angeht, so empfiehlt es sich im Allgemeinen, sie möglichst großräumig zu meiden. Ein Trost aber bleibt allen Müttern und Vä-

tern mit Kinderwägen, Buggys, Joggern, mit und ohne
Babyschale: Bei EN 115 handelt es sich um eine
Norm, nicht um ein Gesetz. Und das bedeutet:
Zuwiderhandlungen werden nicht verfolgt.

Von langen Unterhosen und ästhetischen Einblicken

Nein, Arjen Robben, holländischer Stürmerstar beim
FC Bayern, ist nicht einer EU-Richtlinie gefolgt, als
er im Winter 2009/2010 seine langen, grauen Unterhosen auspackte und unter die Shorts zog. Es war
ihm wohl schlichtweg zu kalt in der Münchner Arena.

Die Brüsseler Gurkentruppe hat sich allerdings auch
schon einmal mit der Arbeitskleidung der Euro-
Bürger befasst und sie mit der so genannten „Son-
nenscheinrichtlinie" vor der Strahlung des Sterns
schützen wollen. Nach dem Einschreiten des EU-
Parlaments und massiver Panik bayerischer Dirndl-
Liebhaber wurde das Gesetz allerdings entschärft.
Nun bleibt es den europäischen Staaten selbst über-
lassen, welche Maßnahmen sie zum Schutz ihrer Angestellten ergreifen. Man könnte sich vorstellen, dass
die in Finnland anders aussehen als am Südzipfel Ita-
liens, im einen Fall brennt die Sonne tatsächlich er-
barmungslos vom Himmel, im anderen sieht man sie
dafür regelmäßig ein halbes Jahr lang gar nicht.

Nun bleiben uns aber, Brüssel zum Trotz, die Dekol-
letés auf dem Oktoberfest und in den bayerischen
Biergärten erhalten, das Dumme ist nur: Gegen die
grauen Unterhosen von Arjen Robben gibt es keine
EU-Richtlinie. Leider. So etwas wie einen Ästhetik-
paragrafen könnten wir uns gut vorstellen!

Auf der falschen Straßenseite

Zum 1. Januar 2010 hat die Europäische Union Einheitlichkeit geschaffen, was das Maß-System ihrer Mitgliedstaaten angeht – zumindest, soweit es das Festland betrifft. Die Briten, die ja gern mal europäische Extrawürste braten, dürfen weiterhin in der Kneipe ein Pint Ale oder Lager bestellen. Ihr Gold wird nach wie vor in der Fein-Unze abgewogen und die Strecke von London nach Liverpool wird auch künftig nicht in Kilometern, sondern in Miles (Meilen) gemessen. Gleiches gilt übrigens auch für die Republik Irland. Dabei gibt es zwischen den einander in herzhafter Feindschaft verbundenen Inselnachbarn einen entscheidenden Unterschied: Das Vereinigte Königreich bezahlt mit dem altehrwürdigen Pfund, die Iren mit einem Rettungsschirm. Aber sonst sind sie einander in ihrer ganzen Exotik so ähnlich, dass man sie mit ihren merkwürdigen Maßeinheiten als liebenswürdiges Biotop akzeptieren muss.

Und man sollte das Auto in London und in Dublin auf die richtige Straßenseite lenken, schließlich würde uns hier eine Protestaktion im besten Fall in den Graben führen. Und dann: Eine Meile bleibt immer eine Meile, egal, ob man sie auf der linken oder rechten Straßenseite fährt.

Aber stellen Sie sich einmal vor, Sie würden wie Europabeamte in diesem einheitlichen Maß-System, dem SI-System reden! Wobei dieses im Wesentlichen nur das festlegt, was bereits üblich ist. Wer es ganz genau wissen möchte, bitte schön – auch hier holen die EU-Beamten ein bisschen Physikunterricht nach.

55

Wir reden im SI-System

Basiseinheit der Länge

§ Das Meter ist die Länge der Strecke, die Licht im Vakuum während der Dauer 1/299 792 458 Sekunden zurücklegt.
Noch Fragen?

Basiseinheit der Masse

§ Das Kilogramm ist die Einheit der Masse; es ist gleich der Masse des Internationalen Kilogrammprototyps.
Wo findet man diesen Typ? Vielleicht ist er ja größer als das, was wir bisher unter einem Kilo verstehen. Dann würden die Zahlen auf unserer Waage kleiner werden – Hurra!

Basiseinheit der Zeit

§ Die Sekunde ist C1, das 9.192.631.770-fache der Periodendauer der dem Übergang zwischen den beiden Hyperfeinstrukturniveaus des Grundzustands von Atomen des Nuklids 133Cs entsprechenden Strahlung.
Jetzt wird's aber wild ...

Basiseinheit der elektrischen Stromstärke

§ Das Ampère ist die Stärke eines zeitlich unveränderlichen elektrischen Stromes, der, durch zwei im Vakuum parallel im Abstand 1 Meter voneinander angeordnete, geradlinige, unendlich lange Leiter von vernachlässigbar kleinem, kreisförmigem Querschnitt fließend, zwischen diesen Leitern je 1 Meter Leiterlänge die Kraft $2 \times 10 - 7$ Newton hervorrufen würde.
Und wehe, einer behauptet etwas anderes!

Üble News für
meine dicke Tante

Auf eine uns lieb gewordene Maßeinheit sollen wir
wir seit letztem Jahr verzichten. Die Kilokalorie
wurde abgeschafft, rein verbal-theoretisch, versteht
sich.
Kalorienzählen gehört nun der Vergangenheit an,
was nicht heißt, dass die Energieeinheiten im Fett
eines Schweinebratens auch ihre (Aus-)Wirkung
verloren hätten. Wer sich mit dem durchschnittlichen Kalorienbedarf von 1900 für Frauen und ca.
2500 für Männer endlich angefreundet hatte, muss
sich nun umstellen. Und zwar auf das Kilojoule.
Allerdings finden Sie trotz der offiziellen Umstellung
immer noch Ihre geliebten Kalorien mit angegeben.
Statt rund 500 Kilokalorien stopft sich der Schoko-
ladenliebhaber nun dicke 2303 Kilojoule in den
Mund, wenn er 100 g Vollmichschokolade futtert.
Und das kühle Blonde, ein halber Liter wohlgemerkt, schlägt mit etwa 887 Kilojoule zu Buche.
Wenn Sie sich das alles nicht merken wollen, nehmen Sie einfach die
Kalorie mal 4,1868 (beziehungsweise entspricht 1 kJ
0,2388 kcal). Gut, dass jedes Handy heute einen Ta-
schenrechner hat. Und schon wissen Sie, ob Sie
schlemmen dürfen oder nicht.

Doch die Bananen-Gang aus der EU-Bürokratie hat
nicht nur Freude an den Naturwissenschaften, sondern insbesondere an höherer Mathematik.
Und da vermutlich dem Kulinariker schon ob der
schieren Größe der neuen Zahlen so manch appetit-
licher Happen im Halse stecken bleiben wird, haben
die Brüsseler Volkserzieher ihr Ziel erreicht: Wir essen
weniger, weil ein Kilojoule, ganz gleich, ob es als gemah-
lene Haselnuss daherkommt oder als flüssiger Hopfen,
lange nicht so lecker ist wie die gute alte Kalorie.

Erderwärmung

Und letzen Endes bleibt doch nichts so, wie es ist:
Sang Rudi Carrell schon 1975 „Wann wird's mal
wieder richtig Sommer?", so werden diese Zeilen
für unsere Schulkinder heute eine ganz neue Dimension bekommen.
Denn Hitzefrei gibt's künftig erst bei 300,15 Grad.
Bitter wird es auch für alles, was im kochenden
Wasser landet, das fängt nämlich nicht mehr bei 100,
sondern erst bei 373,15 Grad zu blubbern an. Aber
keine Sorge, die EU-Beamten haben es nicht etwa
geschafft, die Gesetze der Physik auszuhebeln, nein,
sie haben uns nur eine neue Maßeinheit verpasst:
Auf den neuen Fieberthermometern lesen wir
nach dem Willen der Brüsseler Beamtenschaft nun
310 Grad Kelvin statt 37 Grad Celsius. Kann aber
gut sein, dass bei diesem Anblick die Kurve ganz
schnell mal auf den Wert 356 steigt – und jetzt rechnen Sie mal schön um!

Abschied von der Pferdestärke

Ach ja, noch eine feste Größe dieser und der letzten
Generation wird nun in den Staub des vergangenen
Jahrhunderts getreten. Eine Maßeinheit, die das kurze
Leben von Jochen Rindt und James Dean, jenen ver-
wegenen Helden unserer Jugend, entscheidend bestimmte: die Pferdestärke.
Die physikalische Leistung eines Autos wird offiziell
in Kilowatt gemessen und James Bonds Aston Mar-
tin brächte heute nicht mehr lockere 405 PS, sondern nur noch magere 297,88 Kilowattstunden auf
die Straße – alles andere als ein Happy End.

Abschied vom Pferd

Don Quijote hat seinen treuen Schimmel verloren. Eintauschen musste er seine Rosinante. Jetzt sitzt er auf einem Equiden, womit laut EU-Gesetzgebung alle Vierhufer gemeint sind, egal, ob sie Eselsohren oder Pferdeschwänze haben. Doch auch mit einem schneidigen Ross dürfte der Mann von La Mancha wohl gegen Brüsseler Windmühlenflügel kaum Chancen haben. In der „Richtlinie des Rats über den Handel mit Sportpferden und zur Festlegung der Bedingungen für die Teilnahme an pferdesportlichen Veranstaltungen" erfahren wir Näheres:

§ Equiden sind als lebende Tiere in der Liste der in Anhang II des Vertrages aufgeführten Erzeugnisse enthalten.

Nun, weil aber der Umgang der Europäer mit ihren Erzeugnissen ja einer genauen Normierung in allen Aspekten bedarf und weil schließlich der Begriff des Rosstäuschers irgendetwas mit dem zu tun haben muss, was früher einmal Pferd hieß, haben sich die grauen Herren in Brüssel noch ein bisschen mehr Arbeit gemacht, um allen potenziellen Betrügern einen Strich durch ihrer Rechnung zu machen:

§ Bei den Vorschriften für Veranstaltungen sind Diskriminierungen zwischen den im Veranstaltermitgliedstaat eingetragenen und den in einem anderen Mitgliedstaat eingetragenen Equiden untersagt.
Also wer diskriminiert jetzt da wen? Der kleine Graue mit den kurzen Füßen den dicken Braunen mit den viel zu großen Ohren?

§ Bei den Vorschriften für Veranstaltungen sind Diskriminierungen zwischen den Equiden mit Ursprung in dem Veranstaltermitgliedstaat und den Equiden mit Ursprung in einem anderen Mitgliedstaat untersagt. *Offenbar traut die EU-Beamtenschaft weder den Zwei- noch den Vierbeinern.*

§ Entscheidung der Kommission vom 2. Februar 1993 über die tierseuchenrechtlichen Bedingungen und die Beurkundung für die Wiedereinfuhr von regis- trierten Renn-, Turnier- und für kulturelle Veranstal- tungen bestimmten Pferden nach vorübergehender Ausfuhr.
Also ... zuerst fährt einer den dicken Rappen raus, dann holt er diesen wieder rein. Können die denn nicht einfach klar formulieren, dass er – drüben auf der Insel – den Engländern den Pokal wegschnappen, vielleicht noch ein paar kleine dicke Rappen zeugen und dann mit dem Pokal hier wieder anrücken soll?

§ Pferde unterschiedlicher Kategorien haben ihre Be- sonderheiten, und ihre Einfuhr wird für unterschied- liche Zwecke gestattet. Daher müssen spezifische tierseuchenrechtliche Anforderungen für die Wie- dereinfuhr von registrierten Renn-, Turnier- und für kulturelle Veranstaltungen bestimmten Pferden nach vorübergehender Ausfuhr gelten.
Aha – wenn er sich drüben bei der Nachproduktion klei- ner dicker Rappen versehentlich die Pferde-Syphilis ein- gefangen hat, darf er nicht mehr wiederkommen.

§ Aufgrund der gleichartigen tierseuchenrechtlichen Situationen auf Rennbahnen, Turnierplätzen und Orten kultureller Veranstaltungen und der Isolierung von Equiden eines geringen Gesundheitsstatus emp- fiehlt es sich, eine einzige Gesundheitsbescheinigung für die Wiedereinfuhr von registrierten Renn-, Tur- nier- und für kulturelle Veranstaltungen bestimmten Pferden nach vorübergehender Ausfuhr in Drittlän- der auszustellen.

§ Wie jetzt? Der kleine Graue und der dicke Braune sollen ein- und denselben Pass kriegen? Das sieht doch jeder auf den ersten Blick, dass das nicht hinhauen kann. Angesichts dieser hanebüchenen Verordnungen wissen wir jetzt jedenfalls, woher die Formulierung „Amtsschimmel" kommt.

Political correctness

Die EU-Bürokraten meinen es gut mit uns 495 Millionen Untertanen, die gierig danach lechzen, weitere Lebenshilfen an die Hand zu bekommen, um in unserer ungeregelten Dummheit Halt und Maßgabe zu finden. So etwa in der Behebung der erbarmungswürdigen Unfähigkeit, das Leben sprachlich in einer Weise zu meistern, die uns nicht als Übriggebliebene längst vergangener Jahrhunderte entlarvt; etwa durch die unreflektierte Verwendung von Begriffen, die Weiblein und Männlein eine je eigene Identität zumessen.

Drüben in Brüssel ist man offenbar der Ansicht, dass alles, was Frau als Frau definiert, ebenso verfehlt sei, wie die Bezeichnung des „Dickmanns" als Negerkuss oder Mohrenkopf. Sogar über die Verwendung des Wortes „Mutter" soll in Brüssel diskutiert worden sein. Einige Bürokraten halten dieses Wort für diskriminierend.

Der Europarat also empfiehlt seinen Mitgliedstaaten die Verwendung neutraler Sprachformeln. Statt Vater und Mutter verwende man „Eltern", wenn's nur einer von beiden ist, nenne man ihn Elternteil oder, allen Ernstes, „Elter", so der Vorschlag. Und wenn der Einjährige sein Milchfläschchen weglegt und anfängt, das erste „Mama" herauszudrücken, stecken wir ihm seinen Schnuller in den Mund bis er anständig reden gelernt hat.

! Aber es geht noch weiter: Aus dem Lehrerzimmer, in dem wir Unbedarften selbstredend ausnahmslos männliche Lehrer vermuten, wird der Pausenraum – ob sich darin auch Schüler, Verzeihung, Schülerinnen und Schüler aufhalten dürfen, steht dann hoffentlich außen an der Tür.

! Aus der Fußgängerzone wird die Flanierzone – in der dann aber eilige EinkäuferInnen nichts mehr zu suchen haben, hier wird nämlich ausnahmslos spaziert und parliert, davon verstehen sie vermutlich was, die 40 000 Brüsseler Beamten.

! Der Führerschein wird zum Fahrausweis – wer ausprobieren möchte, ob der dann auch für die S-Bahn gilt, dürfte in der Diskussion mit dem Kontrolleur Schiffbruch erleiden.

! Aus der Mannschaft mache man das Team – es steht allerdings zu befürchten, dass Sprachpuristen dagegen Sturm laufen werden, die der Überfremdung der deutschen Sprache durch Anglizismen das Wort reden.

Vielleicht sollten wir es an dieser Stelle bewenden lassen und uns einen dicken Negerkuss zu Gemüte führen. Oder würde Ihnen der politisch korrekte Kuss mit Migrationshintergrund besser schmecken?

Es leben die Cojones!

Das Wort „Hoden" wollten wir dann doch nicht in die Überschrift setzen. An dieser Stelle ist es wohl angesagt, der beschimpften und geschmähten Gurkentruppe im fernen Staate Belgien für einen Augenblick eine Auszeit zu gönnen. Wir haben einmal den Versuch unternommen, nach einer Regel zu suchen, die uns EU-Bürgern das Leben leichter, vielleicht sogar besser macht, als es vorher war, und sind tatsächlich fündig geworden. In der schönen Alpenrepublik. In Felix Austria nämlich trübte lange Zeit ein Schatten das vollkommene Glück. Hier durften keine Hoden gegessen werden. Sie haben richtig gelesen: Hoden. Wer das denn wolle, könnte man jetzt fragen, natürlich. Da können wir nur sagen: Ja, die Österreicher eben. Offenbar gibt es im Berg- und Tal-Staat Feinschmecker – oder solche die sich dafür halten –, für die so ein Bällchen der Gipfel des Genusses ist.

Das nunmehr aufgehobene Verzehrverbot begrüßen wir mit einem enthusiastischen „Hose runter!" Es berief sich zwar auf hygienische Gründe, war aber eher ein moralisches und stammte noch aus der Zeit der Monarchie. Es untersagte Metzgern, Körperteile von Tieren zu verkaufen, „die sich zu nahe an den Geschlechtsorganen" befanden.

Durchaus nachvollziehbar, auch wenn so mancher weder ein hygienisches noch ein moralisches Problem mit dem Hodengenuss haben dürfte. Eher ein ästhetisches. Oder anders ausgedrückt: Solche Eier auf dem Teller sind schlichtweg ekelhaft.

In aller Kürze

Nach alldem müssen wir eines klar feststellen: Angeblich hat es noch niemand geschafft, die gesammelten Brüsseler Werke von Anfang bis Ende durchzulesen. Das glauben wir sofort. Dabei haben die Erfinder der europäischen Gesetze irgendwann selbst gemerkt, dass es so nicht weitergehen kann:

§ Entschließung des Rates … über die redaktionelle Qualität der gemeinschaftlichen Rechtsvorschriften aus dem Jahre 1993:

§ Der Rechtsakt sollte klar, einfach, kurz und unzweideutig abgefasst sein; so sollte der übermäßige Gebrauch von Abkürzungen, des Gemeinschaftsjargons oder extrem langer Sätze vermieden werden.

Ungenaue Verweise auf andere Texte sollten ebenso vermieden werden wie zu viele Querverweise, die den Text schwer verständlich machen.
Welch bemerkenswerte Einsicht! Allen, denen die ellenlangen, schwer verständlichen und verschachtelten Formulierungen das Leben schwer gemacht hatten, trieb es die Tränen der Rührung in die Augen. Endlich sollte die EU-Gesetzgebung kurz und prägnant werden. Sollte … Denn vier Jahre später entstand der

§ Beschluss des Rates über die künftige europäische Tätigkeit im Kulturbereich …
ein ganz besonders gelungenes Beispiel europäischer Prägnanz:

§ Der Rat der Europäischen Union –
- gestützt auf den Vertrag zur Gründung der Europäischen Gemeinschaft, insbesondere auf Artikel 152,
- eingedenk der Bedeutung der Tätigkeit im Kulturbereich für die weitere Entwicklung der Gemeinschaft,
- in Anbetracht dessen, dass mit Artikel 128 des Vertrags der Gemeinschaft ausdrücklich eine kulturelle Dimension zuerkannt wird,
- unter Berücksichtigung der Grundprinzipien des Vertrags …
- unter Berücksichtigung der Entschließung des Rates vom 20. Januar 1997 über die Einbeziehung der kulturellen Aspekte in die Tätigkeit der Gemeinschaft …

und weiter, unverdrossen:

§ die Bezugnahme auf die Schlussfolgerungen des Rates und der im Rat vereinigten Minister für Kulturfragen vom 12. November 1992 zu Leitlinien für ein Kulturkonzept der Gemeinschaft,

- wonach der Zusammenhang zwischen dem Kulturbereich und anderen Bereichen deutlicher hervorzuheben ist,
- die Möglichkeiten, die Artikel 128 Absatz 4 des Vertrags in diesem Zusammenhang bietet, besser genutzt werden sollten,
- ein besseres Gleichgewicht zwischen den kulturellen, wirtschaftlichen und anderen Dimensionen der Politik der Gemeinschaft gefunden werden muss, so dass diese Dimensionen einander ergänzen und verstärken,

kurz Luft holen!

- in Anbetracht dessen, dass einige kulturelle Aktivitäten der Europäischen Gemeinschaft unter verschiedene kulturelle (Teil-) Programme fallen,
- mit der Feststellung, dass die Gemeinschaft auch außerhalb dieser Programme kulturelle Aktivitäten in vielfältiger Weise unterstützt,
- unter Hinweis darauf, dass im Hinblick auf die Koordinierung der Unterstützung des kulturellen Bereichs die Erstellung aktueller Übersichten über die kulturellen Aktivitäten in der Gemeinschaft von zentraler Bedeutung ist,
- unter Berücksichtigung der Erfahrungen, die die Gemeinschaft mit der Unterstützung des kulturellen Bereichs gesammelt hat,
- in Anbetracht dessen, dass die bestehenden kulturellen Programme in den nächsten Jahren auslaufen werden,
- in Anbetracht dessen, dass es wesentlich ist, dass die Auffassungen der Mitgliedstaaten in den Vorschlägen der Kommission berücksichtigt werden

und dass es daher für die Kommission zweckmäßig
sein könnte, sie zu ihren Überlegungen zur Zukunft
der europäischen kulturellen Zusammenarbeit in
angemessener Weise zu konsultieren, fordert die
Kommission auf, die Möglichkeiten eines richtung-
weisenden, umfassenden und transparenten Kon-
zepts für die kulturelle Tätigkeit innerhalb der Gemeinschaft zwecks Umsetzung von Artikel 128 des
Vertrags zu untersuchen und spätestens am 1. Mai
1998 unter Berücksichtigung der vorstehenden
Überlegungen und der weiteren Evaluierung der
einschlägigen (Teil-)Programme Vorschläge über die
künftige europäische Tätigkeit im Kulturbereich zu
unterbreiten, zu denen unter anderem die Schaf-
fung eines einheitlichen Planungs- und Finanzie-
rungsinstruments zur Umsetzung des Artikels 128
gehört, wobei der audiovisuelle Bereich jedoch bereits über eigene Instrumente verfügt. *Klar, einfach,
kurz, unzweideutig – und gänzlich ohne Querverweise!*

Aus Rührung wurde allmählich Verzweiflung, doch
die Optimisten unter den Sprachpuristen glaubten
noch immer an einen Einzelfall. Immerhin ging es ja
um Kultur, und wie man weiß, gibt es da gelegentlich
Raum für Interpretationen.
Um es kurz zu machen: Die Hoffnung auf eine
Trendwende im Sprachstil der EU-Gesetzgebung
sollte sich nicht erfüllen. Und das nächste Beispiel
beweist, dass man auch um sehr greifbare und prak-
tische Entscheidungen viele Worte machen kann.

§ Entschließung des Rates und der im Rat vereinigten
Vertreter der Regierungen der Mitgliedstaaten (…)
betreffend das Anbringen geeigneter Schilder an den
Außen- und Binnengrenzen der Gemeinschaft:

§ Der Rat und die im Rat vereinigten Vertreter der
Regierungen der Mitgliedstaaten –

in dem Bewusstsein, dass die Gemeinschaft den Er-
wartungen der Bürger Europas entsprechen und
Maßnahmen treffen muss, die geeignet sind, die Identität und das Erscheinungsbild der Gemeinschaft im
Bewusstsein ihrer Bürger und gegenüber Drittlän-
dern zu bekräftigen und zu fördern
• nach Kenntnisnahme von den Schlussfolgerungen,
  die der Europäische Rat auf den Tagungen vom
  28. und 29. Juni 1985 in Mailand und vom 25. und
  26. Juni 1986 in Den Haag zum Bericht des Aus-
  schusses für das Europa der Bürger verabschiedet
  hat, in der Erwägung, dass nach diesem Bericht
  Grenzschilder mit einheitlicher Gestaltung entwor-
  fen werden sollten, die den Fortschritt korrekt
  widerspiegeln, der auf dem Wege zu einem echten
  einheitlichen Markt und zur Einheit der Europäischen Gemeinschaft gemacht worden ist – unter
  Hinweis auf die Entschließung vom 23. Juni 1981
  (1) über den nach einheitlichem Muster gestalte-
  ten Pass und die Entschließung vom 7. Juni 1984
  (2) über die Erleichterung der Grenzkontrollen –
  in der Erwägung, dass die Zugehörigkeit der Mitgliedstaaten zur Gemeinschaft hervorzuheben ist
  und bestimmte verwaltungstechnische Kennzei-
  chen, die ein Symbol der Trennung dieser Staaten
  sind, beseitigt werden sollten – nehmen folgende
  Entschließung an:

§ Die Straßenverkehrsschilder mit der Aufschrift
  „Zoll" an oder nahe den Binnengrenzen der Gemeinschaft werden abgeschafft.
  *Das ist jetzt nicht ernst gemeint, oder? Gnade! Wir
  geben euch nach dem Stoiber und dem Oettinger auch
  noch den Brüderle – aber bitte, liebe EU-Rechtsgelehrte:
  Hört auf, uns zu quälen!*

Gut gemeint ist nicht immer wirklich gut, das wussten wir auch schon, bevor wir uns mit dem „Acquis

communautaire" – frei übersetzt: Paragrafenmonster –
eingelassen haben. Auf 85 000 Seiten waren die Erlasse, Empfehlungen und Beschlüsse der EU bereits
im Jahr 2004 angewachsen, eine aktuelle Schätzung
geht davon aus, dass es heute um die 150 000 Seiten
sein dürften, die im Amtsblatt der EU zusammenge-
fasst sind.

Die Entbürokratisierungs-Crew um Edmund Stoiber,
sozusagen das A-Team unter den Paragrafen-Ent-
rümplern, bemüht sich zwar nach Kräften. Sie haben
bisher Maßnahmen angestoßen, die Einsparungen
von 650 Millionen Euro gebracht hätten, erklärte
Stoiber unlängst. Aber die Kompetenzgier der Brüsseler Beamten ist groß, Entscheidungsprozesse sind
lang und, wie wir nun wissen, ist es offenbar unsag-
bar schwer, Rechtsakte „klar, einfach, kurz und unzweideutig" abzufassen.

Oder, um es mit einfachen Worten schlicht zu sagen:
Die Gurke ist lang – und wird immer länger ...

Gesetzliche Kuriositäten und bürokratische Monster aus Deutschland

Gesetze sind wie Würste, man sollte besser nicht dabei sein, wenn sie gemacht werden

Wer es unternimmt, einen Gesetzestext zu schreiben, sollte eines dabei nicht versuchen: Es in ansprechender Art zu tun. Ganz offensichtlich ist gutes Deutsch in der Juristerei ähnlich verpönt wie im Polizeiwesen oder vor den Fernsehkameras in einem Fußballstadion. Abwechslungsreichtum der Sprache hat vor allem im Beamtendeutsch nichts zu suchen. Und, Gott bewahre, wage niemand, so zu reden, wie ihm der Schnabel gewachsen ist, und das zu sagen, was ihm in den Sinn kommt.

Nein, lieber wird die Sprache fast bis zur Unkenntlichkeit verbogen, in abgedroschene Worthülsen gepresst, ihr klopfendes Herz auf Eis gelegt, bis sie auch das letzte bisschen Leben ausgehaucht hat. Im Gesetz wird sie ausgetrocknet, blutentleert. Hier wird nichts verkauft, verschickt, im- oder exportiert, gehandelt, geliefert, erworben, nein: es wird verbracht. Ganz gleich, ob es sich um Wein, Bananen, Viehzeug, Treibstoff oder Pestizide handelt, allesamt verbrachte Produkte! Da wird in einer Grunderhebung erhoben, alles wird irgendwie gehandhabt, Produktionspotenziale werden erkannt.

Und auch im Polizeibericht ist es nicht besser. Hier wird nicht gestorben, sondern verschieden, es kracht nicht einer in den anderen, sondern er verunfallt. Und beim Fußball haben die Sportler auf dem Platz keinen Spaß, sondern sie sind mental gut drauf, wenn sie mit breiter Brust eine gute Leistung gezeigt haben – 1000-mal gehört, abgenudelt, ausgewrungen und, wenn's ganz dumm gelaufen ist, auch noch falsch verwendet. An dieser Stelle vielleicht noch einmal ein kleiner Ausflug zu den „Equiden" (s. Seite 59) gefällig?

Die Vierbeiner, die, wie wir inzwischen wissen, auch
Pferde, Ponys, Rösser, Esel, Kalt-, Warm-, Vollblüter,
Turnier-, Renn-, Spring-, Dressur-, Freizeit-, Zug-, Ar-
beits- oder Westernpferde genannt werden können,
je nach Zusammenhang, heißen nunmehr – nicht nur
in Europa – sondern auch bei uns schlicht und einfach: Equiden.

Bloß keine Rosstäuscherei

Von der Homepage der deutschen Reiterlichen Ver-
einigung haben wir diesen Beleg:

§ Die europäische Kommission hat am 6. Juni 2008
eine Verordnung zur Umsetzung von Richtlinien in
Bezug auf Methoden zur Identifizierung von Equiden
verabschiedet. Diese Verordnung ist am 1. Juli 2009
in Kraft getreten. Demnach benötigen alle Equiden
einen Pass, auch solche, die nicht verbracht werden.
Equiden, die ab dem
1. Juli 2009 identifiziert werden, müssen eine aktive
Kennzeichnung in Form eines Mikrochips/Transpon-
ders erhalten.

Nun wollen wir aber nicht allzu harsche Kritik üben
an jenen, die uns mit ihren Gesetzen den Weg bahnen durch die Verstrickungen und Unübersichtlich-
keiten des Lebens. Allein das folgende Beispiel beweist, wie viel Gesetzgebung, wenn schon nicht mit
sprachlicher Schönheit, aber doch mit wortreicher
Genauigkeit zu tun hat.
Aus dem deutschen Weingesetz:

Vom Auslesen und
Spätlesen und Verlesen

§ Für Getränke, die nicht Erzeugnisse sind, dürfen die
Worte Wein, Kabinett, Spätlese, Auslese, Beerenaus-
lese, Trockenbeerenauslese und Eiswein allein oder
in Verbindung mit anderen Worten nur gebraucht
werden, wenn eine Vorschrift in Rechtsakten der
Europäischen Gemeinschaft oder eine bundesrecht-
liche Regelung dies ausdrücklich vorsieht.

§ Getränke, die mit Erzeugnissen verwechselt werden
können, ohne Erzeugnisse zu sein, oder Vormischun-
gen für solche Getränke dürfen nicht verarbeitet, in
den Verkehr gebracht oder eingeführt werden.
Erzeugnisse sind was?
Vor dem Studium des Gesetzes empfiehlt sich das Lesen
von Paragraf 2 – zur Begriffsklärung:

§ Erzeugnisse: die in den Rechtsakten der Europäischen Gemeinschaft genannten Erzeugnisse des
Weinbaus ohne Rücksicht auf ihren Ursprung, aro-
matisierter Wein, aromatisierte weinhaltige Getränke,
aromatisierte weinhaltige Cocktails sowie weinhaltige Getränke.

§ Weinhaltige Getränke: unter Verwendung von Erzeugnissen des Weinbaus hergestellte, üblicherweise
unverändert dem Verzehr dienende, nicht aromatisierte alkoholische Getränke, wenn der Anteil der
Erzeugnisse im fertigen Getränk mehr als 50 vom
Hundert beträgt und bei der Herstellung eine Gärung
nicht stattgefunden hat.

§ Inländischer Wein: im Inland aus inländischen Wein-
trauben hergestellter Wein.

§ Verarbeiten: Herstellen, Abfüllen und Umfüllen.

§ Herstellen: jedes Behandeln, Verschneiden, Verwenden und jedes sonstige Handeln, durch das bei einem Erzeugnis eine Einwirkung erzielt wird; Lagern ist Herstellen nur, soweit dieses Gesetz oder eine auf Grund dieses Gesetzes erlassene Rechtsverordnung das Lagern für erforderlich erklärt oder soweit gelagert wird, um dadurch auf das Erzeugnis einzuwirken.

§ Abfüllen: das Einfüllen in ein Behältnis, dessen Rauminhalt nicht mehr als 60 Liter beträgt und das anschließend fest verschlossen wird.

§ Verwenden: jedes Verarbeiten eines Erzeugnisses zu einem anderen Erzeugnis.

§ Verwerten: jedes Verarbeiten eines Erzeugnisses zu einem anderen Lebensmittel, das kein Erzeugnis ist.

§ Begleitpapiere: die nach den Rechtsakten der Europäischen Gemeinschaft oder auf Grund dieses Gesetzes für die Beförderung von Erzeugnissen im Zollgebiet der Europäischen Gemeinschaft vorgeschriebenen Dokumente.

Im Hinblick auf juristische Wortklauberei fühlen wir und nach diesem kurzen – wenn auch unvollständigen – Ausflug ins Definitionswesen nun hinreichend gewappnet und sind auf der Suche nach weiterer Schön- und Dummheiten im juristischen Sprachgebrauch fündig geworden im

Kommunalrecht

Fliegen verboten!

In der Gemeinde Fraunberg im oberbayerischen Landkreis Erding gibt es eine Satzung zur Benutzung des Panoramawegs, die uns darüber aufklärt, was wir unter einem Weg zu verstehen haben.

§ Die Vorschriften dieser Satzung gelten für die Wanderwege „Panoramaweg Fraunberg" und „Marienweg" der Gemeinde Fraunberg.

§ Zu den Wegen gehören: der Wegekörper, das sind insbesondere Wegegrund, Wegeunterbau, Wegedecke, Brücken, Durchlässe, Dämme, Gräben, Entwässerungsanlagen, Böschungen, Stützmauern, Seitenstreifen, der Luftraum über dem Wegekörper sowie der Bewuchs und das Zubehör.

Möglicherweise hat die Gemeindeverwaltung versucht, die Umnutzung des Wanderwegs in eine dritte Start- und Landebahn des nahe gelegenen Münchner Flughafens – das ist der mit den zehn Minuten – zu verhindern. Die Frage ist, was passiert, wenn eine Maschine dann doch mal den Luftraum über dem Fraunbergschen Wanderweg kreuzt, schießen sie dann mit Kanonen?

Radfahren verboten!

§ Zwar nicht mit dem Leben, aber mit einem Strafgeld muss bezahlen, wer mit einem Fahrrad den Luftraum über Helgoland verletzt. § 50 der StVO verbietet nämlich neben dem Verkehr mit Kraftfahrzeugen auch das Radfahren auf der Nordsee-Insel.

Tiere verboten!

Im schönen Dietfurt an der Altmühl gibt es eine Friedhofssatzung, die so manche Frage offen lässt:

§ Innerhalb des Friedhofes ist u. a. verboten:
- das Mitnehmen von Tieren (zum Beispiel sind Hunde außerhalb des Friedhofes anzubinden).
  Fragt sich, welche eigenartigen Hausgenossen die Bewohner der 6000-Einwohner-Stadt in der Oberpfalz zu halten pflegen, mit denen so ein Ausflug auf den Friedhof nahe liegend wäre, Krokodile vielleicht?

Hühner füttern: Verboten!

In Erlenbach am Main könnte eine gelegentliche Spracherneuerung des Amtsblattes nichts schaden. Hier geht es um die Abgabe von Impfstoff in einer Tierarztpraxis. Dazu heißt es:

§ Achtung Hühnerhalter: Die Anwendung muss innerhalb von zwei Stunden erfolgen. Es ist daher erforderlich, die Tiere schon vorher mehrere Stunden dürsten zu lassen.
Wonach sie dürsten sollen oder ob es nicht doch einfach darum geht, das Federvieh dursten zu lassen, verrät uns das Amtsblatt nicht.

Sprachliche Kunstwerke

Im Folgenden geht es um einen Erdrutsch und eine Verordnung des Regierungspräsidiums Stuttgart über das Naturschutzgebiet Bergrutsch am Kirchsteig bei Urbach. Und, was soll man sagen, der Regierungspräsident nennt das Kind beim Namen:

§ Erhalt eines durch gravitative Massenverlagerungen großer Augenblicksleistung neu entstandenen Geotops.

Landesrecht

Im Landesrecht Niedersachsen haben wir das Gesetz zum Buchfinkengesangswettbewerb gefunden – lustig an der Sache ist allerdings bei näherer Betrachtung nur der Titel.

§ Die im Frühjahr stattfindenden Buchfinkengesangswettbewerbe im Oberharz – die so genannten „Finkenmanöver" – gehen mit einer großen Belastung der Buchfinken einher. Daher sind hohe Anforderungen an die ordnungsgemäße Unterbringung und Haltung der Buchfinken – insbesondere in der Gesangszeit (...) zu stellen.

§ Bei der tierschutzrechtlichen Beurteilung gemäß § 2 des Tierschutzgesetzes der Buchfinkenhaltung und der Buchfinkengesangswettbewerbe sind die Statuten der Buchfinkengilde Südniedersachsen (...) heranzuziehen. Abweichungen sind entsprechend den tierschutzrechtlichen Vorgaben zu maßregeln.

Verfassungsrecht

Auch die Karlsruher Richter sind nur Menschen, auch wenn sie in ihren schönen roten Roben weit, weit über uns Normalsterblichen thronen. Zu viel Arbeit aber ist auf alle Fälle ungesund. Weil so viele Verfassungsbeschwerden in Karlsruhe einlaufen. sind eine Menge Regierungsbeamte vorgeschaltet, die nach Möglichkeiten suchen, diese Klagen wieder loszuwerden. Zu spät, nicht zulässig oder aber:

§ Der Rechtsweg ist erschöpft.
Erschöpfend finden wir lediglich die unmögliche Formulierung – die aber so im Bundesverfassungsgerichtsgesetz steht.

Gesetze unter Hammer und Sichel

Wer in den Gesetzestexten unseres früheren deutschen Nachbarstaates nach Formulierungen und Bestimmungen sucht, die ohne weitere Interpretation zum Lachen reizen, wird sich schwertun. Wenn überhaupt, dann ist Humor im bürokratischen Regelwerk der DDR allerhöchstens in homöopathischen Dosen zu spüren, und dann hatte er sich mit großer Wahrscheinlichkeit hintenherum eingeschlichen. Vermutlich hat auch kein westlicher Geheimdienst je versucht, Erheiterndes im deutschen Land hinter dem Eisernen Vorhang aufzuspüren. Vom einfachen Volksgenossen ist ja bekannt, dass er nur wenig zu lachen hatte. Und die Oberen, die an dem ganzen Elend schuld waren, gingen zum Zwecke der lautstarken Erbauung vermutlich ganz real in den Keller. Wenn wir Heutigen da etwas nicht mitbekommen haben sollten, haben Staatssicherheit und DDR-Spionage-Abteilung in dieser Hinsicht ganze Arbeit geleistet und dem Wortlaut des Paragrafen 97 zum Thema Spionage voll entsprochen.

§ Der sozialistische Staat schützt und sichert seine staatlichen, wirtschaftlichen und militärischen Geheimnisse allseitig gegenüber jedermann.

Sommer in der DDR

Schön, dass wir heute, 20 Jahre nach dem Fall der Mauer, mehr Einblick in die interessanten Details der deutsch-demokratischen Staatsorganisation haben. Beim Stöbern im historischen Staats- und Verwaltungsrecht der früheren DDR stößt man nämlich unter anderem auf Auflistungen, wie die folgende.

§ Verordnung über die Einführung der Sommerzeit
vom 31. Januar 1980

§ Verordnung über die Einführung der Sommerzeit
vom 6. Februar 1981

§ Verordnung über die Einführung der Sommerzeit
vom 2. Februar 1982

§ Verordnung über die Einführung der Sommerzeit
vom 23. September 1982

§ Verordnung über die Einführung der Sommerzeit
vom 22. Dezember 1983

§ Verordnung über die Einführung der Sommerzeit
vom 14. Februar 1985

§ Verordnung über die Einführung der Sommerzeit
vom 16. Januar 1986

§ Verordnung über die Einführung der Sommerzeit
vom 12. Februar 1987

§ Verordnung über die Einführung der Sommerzeit
vom 7. Januar 1988

§ Verordnung über die Einführung der Sommerzeit
vom 24. Juni 1988

§ Verordnung über die Einführung der Sommerzeit
vom 11. Mai 1989

Welch eindrucksvolles Zeugnis sozialistisch-bürokra-
tischer Gründlichkeit! Die Freude der Volksgenossen
muss grenzenlos gewesen sein, wenn ihnen in schöner Regelmäßigkeit per Gesetzblatt mitgeteilt wurde,
in welche Richtung sie ihren Wecker gerade zu ver-

stellen hatten, um ihrer Pflicht zur Gestaltung des sozialistischen Vaterlands auch ja rechtzeitig nachkommen zu können. In Anbetracht des allseits bekannten chronischen Papiermangels in der DDR mag die Veröffentlichungsflut Anlass genug zu Hohn und Spott gewesen sein – nur unter der Hand versteht sich.

Die Durchführung von Veranstaltungen

Weil es für einen Staat – vor allem für einen, in dem die freie Entfaltung der Persönlichkeit so großgeschrieben ist – mitunter gefährlich sein kann, wenn mehrere Menschen an einem Ort zusammenkommen und auch noch miteinander kommunizieren, hatte man sich in der DDR ein Veranstaltungsrecht ausgedacht, dass dem einfachen Volksgenossen jede Lust auf gesellschaftliche Zusammenkünfte vergällen musste. Festgelegt war das Ganze in der Verordnung über die Durchführung von Veranstaltungen, wo zunächst einmal erklärt werden musste, was eine Veranstaltung überhaupt ist. So weit war es schon gekommen, im deutschen demokratischen Sozialismus.

§ Veranstaltungen im Sinne dieser Verordnung sind Versammlungen oder andere organisierte Zusammenkünfte von Personen und öffentliche Darbietungen.

Anmelden musste ein Veranstalter seine Veranstaltung mindestens fünf Tage vorher, und zwar bei der recht beliebten Deutschen Volkspolizei. Er konnte, so stand es zumindest im Gesetz, zur „Unterstützung bei der Wahrnehmung seiner Rechtspflichten" Ordnungskräfte einsetzen.
Oh wie großzügig! Man stelle sich einmal vor, man gibt eine Party für 150 trinkfeste Freunde und lädt sich vorsichtshalber gleich noch ein paar Beamte mit ein – nur für den Fall, dass ein paar Gäste ihre Grenzen nicht kennen.

Er musste es aber tun, wenn es von der Deutschen
Volkspolizei gefordert wurde.
*So viel zur „für immer beseitigten Unterdrückung des
Menschen im Sozialismus".*

Gut, der Volksgenosse durfte immerhin seinen Geburtstag feiern, da die alljährliche Wiederkehr des
Tages der Geburt und die Feier desselben beim sozialistischen Menschen ja eine

§ sich aus dem sozialistischen Zusammenleben erge-
bende Zusammenkunft war.
Oder wieso feiern Sie Ihren Geburtstag?

Namensrecht in Deutsch-Absurdistan

Wenn der deutsche Kevin
einen Suri hat und
Fanta mit Pepsi spielt

Fast möchte man den verzweifelten Ruf nach einer gesetzlichen Regelung starten in Anbetracht des weiterhin grassierenden Kevinismus. „Die Soziologie hat für das Unvermögen einer größer werdenden Bevölkerungsgruppe, ihrem Nachwuchs menschliche Namen zu geben, bereits einen Begriff geprägt: Kevinismus." So schreibt der Bestsellerautor Jan Weiler im Stern. Und mittlerweile gibt es sogar ein Pendant für den Bereich der Mädchennamen: den Chantallismus. Weiler hat aber auch noch einen anderen Trend benannt: den Emilismus. Da werden bevorzugt Namen ausgegraben, die vor einem knappen Jahrhundert in Mode waren.

Namen sollen billig sein

Ganz egal, auf welchen Zug man nun selbst aufspringen und mit welchen Namen man Kinder bestrafen oder beschenken möchte, wie man seine Kinder richtig benennt, ist nicht erst seit heute ein Thema, das die Gemüter erhitzt.

So hat Friedrich Ehrhart im Jahr 1782 – veröffentlicht im zweiten Band der „Ephemeriden der Menschheit" – den Versuch gestartet, einige Regeln zur Benennung deutscher Kinder zu formulieren und dabei unter anderem geschrieben:

§ Die Tauf- oder Vornamen deutscher Kinder sollten billig alle deutsch sein, damit man daraus deren Vaterland und Herkunft sehen könnte. Ein wahrer Deutscher (…) macht sich eine Ehre daraus, wenn man ihn für einen Deutschen hält, und sucht deswegen nicht seine Herkunft mit einem fremden

Namen zu verbergen und zu maskieren, sondern mit einem deutschen zu zeigen und zu beweisen.

Was würde der Denker aus dem ausgehenden 18. Jahrhundert wohl von Kevin halten? Von Jennifer, Jacqueline, Justin oder Noel? Auch Sarah oder Luca wären ihm übel aufgestoßen. Des Weiteren hat er geschrieben:

§ Jedes Kind soll nicht mehr als einen Vornamen haben, denn wozu eine Sache hinreichend ist, da ist eine zweite unnötig. Viele Namen dienen zu nichts, als uns und anderen mehr Arbeit im Schreiben zu machen.

§ Muss derselbe nichts Unanständiges enthalten. Es ist schon schändlich genug für uns, dass wir so viele deutsche Geschlechts- oder Zunamen haben, die nach der Bierschenke oder wohl gar nach dem Schweinestall riechen …

§ Soll er nicht ohne Bedeutung und geschmacklos, sondern nachdrücklich, körnicht und sinnreich sein. Gottlieb, Thurecht, Friedreich, Fleißmann, Ehregott, Wahrmund, Tugendfreund, Biedermann, Reinherz, Sittenhold, Winterjung, Lasterfeind, Freimännin, Keuschlebin, Stolzseindin, Glückmännin, Sommertochter, Frühlingskind, Edelherzin, Tugendbraut, Ehrentochter, Gartenkind, Treumädchen, Gottholdin und tausend andere mehr.

Wie wir später noch sehen werden, ist er an mancher Stelle gar nicht so weit von heutigen Geschmacklosigkeiten entfernt. Wobei „Keuschlebin" bisher unübertroffen ist. Weiter mit Friedrich Ehrhart:

§ Muss er nicht mit der Wahrheit streiten. Einen Knaben, der in den Hundstagen geboren worden, Wintersohn zu heißen, würde sehr lächerlich sein …

§ Muss er auch nicht verunstaltet werden. Aus Friedreich mache man nicht Frize oder wie die Schweizer Fridli und so weiter, sondern man lasse jeden Namen, wie er nach der besten deutschen Mundart sein muss.

Der Ahrensburger Namensforscher Knud Bielefeld hat den oben zitierten Text aus dem 18. Jahrhundert gefunden, 2010 transkribiert und überarbeitet.

Allumfassender Einsatz für die Sache Gottes!

Was Eltern mit der Wahl des Namens für ihre Kinder anrichten können, zeigt der Fall eines 16-Jährigen mit dem türkischen Vornamen Cihad. Der Fall war Anfang des Jahres 2010 durch die Gazetten gegangen. Der Name hatte eine eine Zahnärztin in Donaueschingen dazu bewogen, einen 16-Jährigen in ihrer Praxis nicht zu behandeln, im Glauben, sein Vorname bedeute „Heiliger Krieg" und sei damit eine Kriegserklärung an Nicht-Islamisten. Nun ist aber Cihad ein in der Türkei häufiger Name. Abgeleitet vom arabischen Djehad bedeutet er nicht Heiliger Krieg, sondern steht im Islam für den „allumfassenden Einsatz für die Sache Gottes" und für den „inneren Kampf um das Gute" wie der „Focus" berichtete, und meint damit die moralische Verpflichtung des Muslimen für den „geistigen und gesellschaftlichen Einsatz für die Verbreitung des Glaubens".

Daran aber sei nichts Verurteilenswertes, urteilte das Berliner Kammergericht. Die Zahnärztin hat sich mittlerweile bei dem Jungen mit der Zahnspange entschuldigt, der ja genauso wenig für seinen Namen kann wie jede Jennifer, jeder Justin und jede Sabrina.

Guttenberg ist nicht
Hinz und Kunz

„Quod licet iovi, non licet bovi." Das sagten schon
die alten Römer. Übersetzt heißt der Satz in etwa:
Was dem Großkopferten erlaubt ist, darf der kleine
Mann noch lange nicht. Wenn also unser ehemaliger
Politsuperstar Karl-Theodor Freiherr von und zu
Guttenberg, seines Zeichens am 01. März 2011 zu-
rückgetretener bundesdeutscher Verteidigungsminis-
ter, zu seinem Namenszusatz „Freiherr von und zu"
auch noch zehn Vornamen führen darf, dann ist das
für Hinz und Kunz noch lange nicht genehmigungsfä-
hig. Zumal die Eltern des CSU-Politikers ihren
Sprössling auch mit durchweg bodenständigen deutschen Namen auf den Weg in den Erfolg geschickt
haben.
Karl-Theodor kann im Weiteren mit den Namen
Maria, Nikolaus, Johann, Jakob, Philipp, Franz, Josef
und Sylvester aufwarten. Dagegen kann ein deut-
sches Gericht wohl nicht viel sagen.

Tatbestand der Belästigung

Des Freiherren Selbstidentifikation scheint unter
dem Berg an Vornamen jedenfalls nicht gelitten zu
haben – was allerdings das Oberlandesgericht Düs-
seldorf für einen kleinen Jungen befürchtete, dessen
Mutter zwölf Vornamen ausgesucht hatte. Woher sie
ihre Inspirationen nahm, ist nicht überliefert, urteilen
Sie selbst:
Chenekwahow, Tecumseh, Migiskau, Kioma, Ernesto,
Inti, Prithibi, Pathar, Chajara, Majim, Henriko und
Alessandro.

Eine solche Häufung von Namen würde dem Kindes-
wohl widersprechen, urteilte das Gericht und sprach

von einem „erheblich belästigenden Charakter" für das Kind. Es würde damit zu sehr auffallen, vor allem, weil es sich um ungewöhnliche Namen handle. Immerhin ließ das Oberlandesgericht dann doch die ersten fünf Namen zu. Ob sie dem Buben damit einen Gefallen getan haben? Die Mutter ging mit ihrem Anliegen schließlich sogar bis zum Bundesverfassungsgericht. Das aber nahm die Klage gar nicht erst an.

Völlig jeck!

Natürlich ist sie eine echte Rheinländerin, Lena Isabel Godesia. Und vermutlich sind ihre Eltern ein wenig jeck – im besten rheinischen Wortsinne. Godesia nämlich wird die Karnevalsprinzessin im Bonner Ortsteil Bad Godesberg genannt, wo die Eltern der Kleinen zu Hause sind. Und dann kommt dat Kind auch noch an einem Karnevalsfreitag auf die Welt ... Dass die Eltern aus Freude über die Geburt eine Polonäse durch den Kreißsaal getanzt hätten, ist pure Spekulation, die Mutter – eine Zugereiste! – soll sich aber Musik der Kölner Karnevalsband Bläck Fööss als Untermalung ihrer Geburtswehen gewünscht haben. Offiziell ist der Vorname aus den angeblich gebräuchlichen Namen Godwar, Godar und dem Mädchennamen Teresia zusammengesetzt, was das örtliche Standesamt dann doch bewogen hat, der ausgefallenen Namenswahl zuzustimmen. In welchem Lexikon die Beamten da wohl nachgeguckt haben? Falls Godesia mit der ganzen Narretei nichts am Hut hat, kann sie sich – die Eltern sind nicht nur jeck, sondern auch ein wenig weise – unter einem ihrer anderen beiden Vornamen rufen lassen.

Mein Sohn heißt Marie!

Nun könnte man ja sagen, Godesia beziehungsweise ihre Eltern haben Glück gehabt. Wären sie im brandenburgischen Falkensee aufs Standesamt gegangen, wäre es ihnen möglicherweise nicht so leichtgefallen, die Beamten von ihrer Namenswahl zu überzeugen. Hier stellten sich unlängst die zuständigen Stellen quer, als Eltern ihre Kinder Anne und Marie nennen wollten. Aber nicht etwa, weil es beide Vornamen in den Jahren zuvor zu häufig gegeben hat – Marie immerhin schaffte es in den vergangenen zwei Jahrzehnten nur ein einziges Mal nicht unter die Top 20 der beliebtesten Mädchennamen. Anne ist zwar nicht ganz so beliebt wie Anna, ist aber dafür seit 1890 fast immer unter den Top 100 der weiblichen – wohlgemerkt: der weiblichen! – Vornamen.

In der brandenburgischen Kommune nun werden beide Namen nur noch mit einem zusätzlichen Namen genehmigt, weil beide Vornamen in manchen Ländern als Vornamen für Jungen verwendet würden, so das Standesamt. Weil das deutsche Recht aber vorschreibt, dass aus dem Namen das Geschlecht eindeutig zu erkennen sein muss, darf Anne nicht nur Anne und Marie nicht nur Marie heißen. Absurd? Aber hallo!

Tatbestand der Körperverletzung

In den USA ist, wie man aus den Berichten über die absurden Namen weiß, die manche Promis ihren Kindern geben, vieles kein Problem, was bei uns die Gerichte beschäftigt. Man denke nur an Romeo, Brooklyn und Cruz, die Kinder von David Beckham, oder an Knox Leon Jolie-Pitt. Klingt ein bisschen wie ein neuer Superkleber, ist aber tatsächlich ein Stammhalter von „Brangelina". Bei Knox' Schwester Shiloh Nouvel sehen wir eher ein Glas gut abgelagerten Whiskeys vor uns. Sage Moonblood – der Schauspieler Sylvester Stallone hat seinen Sohn so genannt – klingt wie der Titel eines Horrorfilms, zumindest wenn man nicht weiß, dass Sage im Amerikanischen nichts Schlimmeres als „Köcherfliege" bedeutet.

Meine Tochter ist ein Schaf

Wenn einer in Bayern einen gesalzenen Vollrausch hat, sagt man auch, er habe einen Suri. Was dem Schauspielerehepaar Tom Cruise und Katie Holmes vermutlich egal gewesen wäre, wenn sie es gewusst hätten, bevor sie ihre Tochter so nannten. Schließlich nahmen sie es mit der ethymologischen Herleitung des Namens für ihr Kind auch nicht so genau. Der Name bedeutet im Hebräischen nicht Prinzessin, wie der Schauspieler es die Medienöffentlichkeit glauben machen wollte, sondern (ebenso wie im Arabischen) „aus Syrien stammend". Bei den Rumänen steht dieser Name übrigens für „Messer", im Persischen für „rote Rose", die Japaner beschimpfen einen Taschendieb als Suri, im südindischen Toda heißt es „stupsnäsig" und zu guter Letzt ist das Suri auch noch eine peruanische Unterart des Alpakaschafs.

Lieber mit Hütchen

Es schadet also ganz und gar nicht, sich bei der Wahl eines fremdländischen, gar exotischen Namens zunächst einmal über dessen Bedeutung zu informieren. So gibt es im Türkischen den weiblichen Vornamen Yeter. Übersetzt bedeutet er „es reicht" und wird angeblich gern von Eltern verwendet, die glauben, eigentlich schon genügend Kinder auf die Welt gebracht zu haben. Falls es dann aber mit der Verhütung immer noch nicht so klappt und Yeter nicht die Jüngste in der Familie bleibt, geben Eltern dem Nachzügler – wenn es ein Junge ist – den Namen „Imdat", was so viel heißt wie „Hilfe!" Letztere findet übrigens auch der Türke am besten in der Apotheke seines Vertrauens. Sonst muss er sein allerletztes Kind noch „Abstinenz" muss.

Tiger in der Wiege

Unter diesen Umständen kann man gegen den Namen Tiger eigentlich nicht mehr viel sagen. Im chinesischen Horoskop wird die große Katze als charmant, empfindsam und mutig beschrieben, durchaus Eigenschaften, mit denen man sich identifizieren möchte. Warum also nicht Tiger für unsere Tochter, hat sich ein Ehepaar aus dem Raum Hannover gedacht allerdings mit dem weiblichen Beinamen Emma. Diese Kombination, Emma Tiger, hatten sie sich bei Schauspieler Til Schweiger abgeguckt, der diesen Namen für seine Tochter in den USA problemlos anmelden ließ.

Aber so einfach geht das bei uns noch lange nicht. Das zuständige Amtsgericht jedenfalls winkte ab. Das Landgericht ebenfalls. Zu wenig weiblich, der Tiger, auch nicht wenn's ein Emma-Tiger ist. Erst beim Oberlandesgericht Celle hatte man ein Einsehen und erlaubte dem Hannoveraner Paar, ihre eigene Emma Tiger großzuziehen. Die Schweiger-Tochter wurde dabei sogar als Bezugsfall genannt. Sie werde den Namen so bekannt machen, dass sich irgendwann keiner mehr daran stören werde, so die Überlegung der Richter. Ein interessanter Gedanke, wie sie wohl argumentiert hätten, hätte Til Schweiger seine Kinder Faultier, Wildsau oder Warzenschwein genannt.

Waterloo für Winnetou

Natürlich gehört es zu den spannendsten Dingen, mit denen sich Eltern beschäftigen müssen, wenn sie in freudiger Erwartung sind, sich über den passenden Namen für den Nachwuchs klar zu werden. Er soll zum Nachnamen passen, jeder Name weckt ja bestimmte Assoziationen. Mit der Wahl ist eine Aussage über das Weltbild und die Sicht der Eltern auf sich selbst verbunden. Bildungsbürger – und solche, die sich dafür halten – geben ihren Kindern andere Namen als Menschen, die eher der Unterschicht zugerechnet werden können.

Der Name wird zum Ausdruck des sozialen Status, sagen Namensforscher, er ist ein Akt der Selbstverwirklichung geworden. So soll es Menschen geben, die ihre Söhne nach großen Feldherren genannt haben. Sag mir den Namen deines Kindes, dann sag ich dir, wer du bist!

Philosophen, Politiker, Schauspieler, Rockstars, Rennfahrer, Schriftsteller oder ihre Romanfiguren, alles schon da gewesen; Napoleon, Wilhelm, Liam (nach Liam Gallagher, dem Sänger der sich im Februar 2011 gerade wieder zusammengefundenen englischen Rockband Oasis), Darwin, Umberto, Winnetou, Pumuckl, sogar Metallica geistern als Vornamen durch die Republik. Und irgendwo in Deutschland gibt es nun auch ein Kind, das Google heißt.

Extra-doof

Kommen wir also zu Emily-Extra. Das Oberlandesgericht Schleswig-Holstein hat den Namen gebilligt mit dem Hinweis darauf, dass das Recht zur Erziehung nicht nur das Recht zur Namensfindung, sondern auch zur Namenserfindung beinhaltet. Hauptsache, der Mensch werde durch den Namen nicht herabgewürdigt oder diskriminiert.

Beim zuständigen Standesamt war der Name zunächst abgelehnt worden, weil man dort genau das befürchtet hatte. Einen Vorteil wird die kleine Extra später im Leben aber allemal haben: Sie wird im Kindergarten oder in der Schule nicht mit anderen Kindern verwechselt – sondern eher mit einer Handelskette oder einem Reisebüro.

Adermann im Birkenfeld
oder: Kein Pepsi-Carola
für Singh Singh

Dabei hat Emily-Extra es noch gut getroffen, verglichen mit Adermann (weiblich oder männlich?), Birkenfeld (hört sich irgendwie nach Pantoffeln an) oder Alke (Prost!). Auch Gor, Lafayette, Mikado, Sweer, Raven, Prestige, Speedy, Katzbachine, Jazz, Pepsi-Carola, Fanta, Gneisenauette, Singh und Latoya fanden Gnade vor deutschen Gerichten. Nun, mag man einwenden, der eine heißt wie eine noble Autokarosse, der andere wie die schnellste Maus von Mexiko, zwei teilen sich den Namen mit einem zuckerhaltigen Softgetränk, eine andere heißt wie der Star aus einem Softporno. Gor ist der Name einer Fantasiewelt, in der Testosteron gesteuerte Muskelmaschinen ihre Macho-Fantasien ausleben und Frauen in Ketten gehalten werden – wer's mag, für den ist dies das Höchste.

Die Frage sei nun erlaubt, welche Begründungen die Standesämter und Gerichte gefunden haben, den Namen La Toya abzulehnen, Latoya aber zu erlauben. Und wie steht es mit den Verboten von Tom Tom, Holgerson, Rosa, Micha, Josephin, Jona, Venus, Marey, Zooey, Chris oder Michael Jackson? Was daran ist schlimmer als Mikado?

Gut, die Ablehnung von Heydrich ist nachvollziehbar; auch über Pfefferminze, Schmitz, Schroeder oder Bierstübl würden wir keinen Streit vom Zaun brechen, und es ist zumindest fraglich, ob „Frieden Mit Gott Allein Durch Jesus Christus" sein muss oder „Noah ben Abraham". Jesus übrigens ist erlaubt. Borussia verboten. Vielleicht sollte mal einer fragen, wie es mit Schalke oder Hoffenheim steht?

Auf ewig Allerheiligen

Widmen wir uns nun dem wunderbaren Namen November. Einen Monat als Vornamen? Hat Tradition, das steht fest. So gibt es den August – auch den dummen – schon seit Jahrhunderten. Die Römer machten den Augustus sogar zum Kaiser. Bei „April" – sprich Äipril, wie es der Engländer sagen würde – mag sich manch einer an die toughe Miss Stevens, Bobby Ewings zweite Ehefrau in der legendären Seifenoper Dallas erinnern, bei Summer – Samma! – an eine bezaubernde Bikini-Schönheit aus der US-Serie Baywatch. Auch Juli, Julie, June, Juni und Mai sowie May sind durchaus gebräuchliche Bezeichnungen für Damen unterschiedlichen Semesters. Nun haben aber alle diese Namen eines gemein: Sie bezeichnen Monate des Frühlings und des Sommers. Man assoziiert Licht mit ihnen, Wärme, den Duft der schönen Jahreszeit.

Wie aber in aller Welt kommt einer auf den Gedanken, sein Kind ausgerechnet November nennen zu wollen? Warum nicht gleich Dauerregen, Herbst-Depression oder Allerheiligen?
Tatsächlich hatte sich das Amtsgericht Tübingen im Januar 1995 noch gegen einen Vornamen November ausgesprochen. Das Landgericht Bonn hat ihn 2006, elf Jahre später, dann aber doch zugelassen. Entweder die Bonner Richter waren schon wieder jeck, diese Rheinländer, oder aber sie trugen dem Klimawandel Rechnung und der Tatsache, dass man im November nun auch schon mit T-Shirt im Biergarten oder in der Weinlaube sitzen kann – am schönen Rhein sogar noch öfter als andernorts in der Republik. Wir glauben aber eher, dass die Herren bereits ein wenig zu tief in die grüne Waldmeisterbowle geschaut und nicht mehr bemerkt hatten, welch grauenhafte Entscheidung sie da trafen. Das Urteil für

November wurde nämlich im Juni gefällt, wenn die Sonne bekanntlich am höchsten steht.

Störenfriede vor Gericht!

Schließlich noch ein Ratschlag an all jene, die lange genug unter ihrem Namen gelitten haben. Es müssen zwar schwerwiegende Gründe vorliegen, um eine Namensänderung beim Standesamt durchzusetzen. Aber vielleicht könnte ja der Dauerstress mit den eigenen Eltern, denen man wegen seines Namens Vorwürfe macht, vor Gericht als entscheidende Argumentationshilfe dienen.

Wer für seine Altvorderen von vorn herein nur „Störenfried" oder „Waterloo" war – oder gar beides! –, der sollte allerdings aus ganz anderen Gründen gegen seine Erzeuger vor Gericht ziehen. Und am besten das verantwortliche Standesamt gleich mitverklagen.

Namensrecht in anderen Ländern

Fußball zwischen den Ohren

§ Nicht etwa Levski und ZSKA Sofia, die beiden besten Clubs der Bulgarischen Fußballliga, hatten es einem bulgarischen Fußballfan angetan, nein, der englische Top-Club Manchester United musste es sein. Vor einem bulgarischen Regionalgericht erstritt er die Änderung seines Namens. In erster Instanz hatte er noch verloren. Der 36 Jahre alte Mann sei sein ganzes Leben lang Fußballfan und habe sich seit seinem elften Lebensjahr gewünscht, den Namen seines geliebten Fußballclubs zu tragen, schrieb eine Zeitung.

Nun hat er es geschafft, aus Marin Sdrawkow wurde Manchester United, also mit Vornamen Manchester und mit Nachnamen United. Die Frage sei erlaubt, wie die Bulgaren das Wort „United" wohl aussprechen.

ZuRechtgedreht

§ In der Türkei sind die Buchstaben X, W und Q in Vor- und Familiennamen verboten. Im türkischen Alphabet kommen die drei Buchstaben gar nicht erst vor, wohl aber im kurdischen. Zwar dürfen Kurden in der Türkei ihren Kindern mittlerweile kurdische Namen geben, aber ohne die genannten Buchstaben, was viele kurdische Namen de facto von vorneherein ausschließt.

Nun hat dieses Gesetz dazu geführt, dass ein zweijähriger Junge im Herbst 2009 in Berlin als staatenlos erklärt werden musste. Sein Vater, der als politischer Flüchtling nach Deutschland gekommen war, hatte ihm den Vornamen Cigerxwin gegeben, damit einen bekannten kurdischen Dichter geehrt. Als die Eltern nun beim Berliner Generalkonsulat einen Pass für den Jungen beantragen wollten, wurde er ihnen dort mit Hinweis auf die in der Türkei geltende Regel verweigert.

Brücke in den Knast

§ In Norwegen ist das Namensrecht streng reguliert. Erlaubt ist nur, was auf der norwegischen Vor- und Nachnamenliste steht. Eine 14-fache Mutter aus Oslo hatte versucht, sich erstmals darüber hinwegzusetzen, und musste dafür sogar ins Gefängnis. Den hebräischen Begriff für Brücke, „Gescher", hatte sie ihrem Jungen als Namen geben wollen, weil sie, wie sie sagte, von diesem Namen geträumt hatte. Das Standesamt, lehnte ihn rundweg als illegal ab. Auch die mehrfachen Berufungsversuche der Mutter scheiterten, bis sie schließlich für zwei Tage inhaftiert wurde. Das Kind heißt jedoch weiterhin Gescher.

Lichtgestalten auf der Schattenseite

§ „Lächerlich!", war der Kommentar eines belgischen Standesbeamten ob des Ansinnens einer Mutter, ihren Sohn Anakin zu nennen – nach der Figur des Anakin Skywalker aus der Weltraum-Saga „Star Wars". Die Mutter drohte sogar mit einem Hungerstreik. Angeblich kannten die Beamten aber weder den Film noch den Hauptdarsteller. Anakin war für sie kein Name, sondern womöglich eine wirre Buchstabenkombination einer noch viel verwirrteren Frau. Gut, hätte man in Belgien zu dieser Zeit bereits den Videorekorder gekannt, hätte man sich die Streifen ja einfach anschauen und dann womöglich darüber diskutieren können, inwiefern der Name einer Filmfigur das Leben eines Kindes bereichert, die sich von einer Lichtgestalt zu einem Antihelden entwickelt.

Das haben sie wohl nicht getan, denn am Ende gab die Behörde dem mehr als entschiedenen Drängen der Eltern nach. Anakin lebt! Gut, dass er nicht Chewbacca oder R2-D2 heißen muss.

Bill Clinton abgeschafft

§ Die Namen Bojia und Llanta de Milagro sind in Honduras verboten. Ein Komitee hatte die Abgeordneten des Landes aufgefordert, ein entsprechendes Gesetz zu erlassen. Die Namen sind in einigen Provinzen des Landes übliche Vornamen und bedeuten: Zündkerze und Wunderreifen. Neugeborene nach Autoteilen zu benennen, fanden die Abgeordneten bei genauerem Hinsehen dann wohl doch eigenartig. In einem Aufwasch wurden auch noch gleich die Namen Bill Clinton und Ronald Reagan verboten.

Erdbeben im Kreißsaal

§ Eine Umweltkatastrophe gab ihm seinen Namen: Ein Ehepaar im indischen Bundesstaat Gujarat hat seinem Sohn, der während eines Erdbebens zur Welt kam, den Namen „Bhukamp" gegeben, was in Hindi Erdbeben bedeutet. Wie eine Zeitung berichtete, hatte der Junge genau zu dem Zeitpunkt das Licht – oder vielmehr die Dunkelheit der Welt – erblickt, als infolge des Erdbebens der Strom auch in der Privatklinik in Ahmedabad ausgefallen war, wo die Frau in ihren Wehen lag.

Bei dem Erdbeben waren mindestens 15 000 Menschen ums Leben gekommen. Von diesem Ausmaß aber hatten Krankenpersonal, die Gebärende und ihr Mann zunächst keine Ahnung.

Auf immer Weihnachten

§ Ein Mann aus dem US-Bundesstaat Utah mit dem unspektakulären Namen David Porter hat sich umbenennen lassen: In Santa Claus. Ein Bezirksgericht hatte ihm zunächst die Anerkennung verweigert, mit dem Hinweis darauf, der Name könnte eine abschreckende Wirkung auf die Leute haben, die ihm künftig begegneten. Aber das Oberste Gericht des Bundesstaats in Utah bewilligte schließlich sein Ansinnen. Der Name möge nicht besonders schlau sein, aber Mr. Porter habe das Recht, jeden Namen zu wählen, den er haben wolle.
Mr. Porter färbt jeden Monat einmal seine roten Haare weiß und sagt über sich selbst: „Ich habe einen dicken weißen Bart, ein Bäuchlein und eine Brille. Ich sehe ziemlich authentisch aus." Seine Frau nennt ihn Papa, sein Haus ist voller Santa-Claus-Figuren und den Dezember nimmt er sich frei, um auf privaten Nikolausfeiern aufzutreten.
Glückliches Amerika!

Schöne Hure

§ Der Kleine Hintern hat in Italien ausgedient. Nach jahrelangen juristischen Auseinandersetzungen um diskriminierende Namen dürfen sich durch ihren Nachnamen benachteiligte Italiener nun umbenennen lassen. Signor Sederino heißt wörtlich übersetzt Herr Kleiner Hintern. Signor Sederino oder Signora Vacca – Frau Kuh oder auch Frau Hure – dürfen sich nun aber nicht einfach Signore Grandissimo oder Signora Bellezza nennen, sondern die Umbenennung ist geregelt. Aus Sederino wird Denoris und aus Vacca wird Vallas, beide neuen Namen haben im Italienischen keine Bedeutung. Mamas Trottel, der Tontodimamma kann sich in Diman umbenennen lassen und Signore Fallito, der Herr Versager, heißt nun Lellis. Auch die Signori oder Signore Pene (Penis) oder Bastardo haben gute Chancen. Auf einen neuen Namen.

Mein Nachbar heißt Hitler

§ In Brasilien sind die Vornamen Hitler, Göring oder Eichmann gang und gäbe. Manch einem gefiel einfach der ausländische Klang, es gab aber auch genug Eltern, während und auch noch lange nach dem Zweiten Weltkrieg, die ihren Kindern die Namen aus Überzeugung gaben. Neben Namensungeheuerlichkeiten wie Adolfo Hitler da Silva, Eichmann Ferreira, Stalin oder Mussolini sind aber auch Rommel, Eisenhower, Rambo, Xerox, Goethe, Elvis Presley, Einstein, Rummenigge, Beckenbauer, Hirohito oder Mao-Tse-Tung in Brasilien möglich.

Den Trägern solcher Namen ist es zum Teil egal, manchen peinlich, vielen aber einfach zu teuer, sich umbenennen zu lassen.

Denkmal für einen Massenmörder

Als nun im Jahr 2001 ein arbeitsloser Bauarbeiter seinem Sohn den Namen Osama bin Laden geben wollte, haben das die brasilianischen Behörden dann doch abgelehnt. Der 46-Jährige sagte, er sei begeistert von Bin Laden und hasse die USA. Osama bin Laden

Feliciano de Oliveira Soares hatten sich die Eltern für ihr Kind vorgestellt – das am 8. September 2001 geboren worden war, drei Tage vor den Anschlägen auf die New Yorker Twin Towers. Das Kind würde ein Leben lang unter dem Namen leiden, hatten die Behörden argumentiert – wenn es denn überhaupt lange gelebt hätte.

Osama? – Kenne ich nicht!

§ In Arad, in Westrumänien, haben sich die Behörden ebenfalls geweigert, den Namen Osama bin Laden für ein neugeborenes Kind anzuerkennen. Die Mutter gehört der Volksgruppe der Sinti und Roma an. Angeblich habe sie nicht gewusst, wer Osama bin Laden überhaupt sei, ihr habe nur der Klang des Namens gefallen.

Keinen Führerschein – aber heißen wie ein Auto

§ Natalie Elliott aus Seaford in Großbritannien wollte irgendwie heißen, nachdem sie von ihrem Ehemann geschieden worden war, nur nicht mehr ihren Mädchennamen Luffman tragen. Zu oft sei sie in ihrer Jugend gehänselt worden, erklärte die 22-Jährige. Sie wollte etwas Rassigeres und beschloss, den Namen ihres Lieblingsautos anzunehmen – Subaru Impreza. Das Ganze kostete sie 41 Pfund, ihre Familie hält sie für verrückt – aber sie ist mit ihrem Namen glücklich.

Verliebt in einen Roboter

§ Wer nun glaubt, so etwas Verrücktes könne es kein zweites Mal geben, hat noch nie etwas von Dan Holmes aus Banbury, Oxfordshire, gehört. Er hat seinen Nachnamen in PlayStation 2 ändern lassen. Der 29 Jahre alte Junggeselle, der PlayStation-Spiele im Wert von 7000 Pfund zu Hause hat, hatte zunächst versucht, sich mit seiner Spielekonsole verheiraten zu lassen, aber kein Pfarrer hatte sich bereit erklärt, seinem Wunsch zu folgen.

„Ich nix Rothaut, ich Blue Sox"

§ Für Damian Andrews kann man nur hoffen, dass die Halifax Blue Sox nie so richtig abrutschen in der kanadischen Rugby-Liga. Andrews heißt nämlich nicht mehr Andrews, sondern hat sich nach seinem Lieblingsclub benennen lassen. Gehen die Blue Sox nun auf sportliche Talfahrt, der Hohn und Spott seiner Freunde wäre ihm wohl sicher.

Billy im Bauch

Der eine stellt sich Ikea-Möbel in die Wohnung, der andere legt Ikea jeden Abend in das Kinderbett. Ein schwedisches Ehepaar hat seine Tochter nach dem schwedischen Möbelmarkt benannt. Linda Dagless, eigentlich Norwegerin, kam der Gedanke, als sie schon mit Babybauch beim Blättern in einem Magazin auf eine Ikea-Anzeige stieß. Sie habe den Namen einfach hübsch gefunden. Ein Sprecher des Konzerns erklärte, man fühle sich geehrt durch die Namenwahl des Ehepaars. Wir hätten da noch einen Vorschlag für das nächste Kind: Saab für einen Jungen, ABBA für ein Mädchen.

Wunderbar verrückte Gesetze aus aller Welt

Nicht zu fassen, aber im Gegensatz zu unserer festen Überzeugung, die nordamerikanische Prärie hinsichtlich ihrer seltsamsten und skurrilsten Gesetzesblüten vollständig abgegrast und all dies fein säuberlich zwischen die Seiten des Bändchens „Nackt duschen verboten" gepresst zu haben, sind wir erneut fündig geworden. Nein, das Land der unbegrenzten Möglichkeiten und Unmöglichkeiten schlägt bei seinen juristischen Ausgeburten alle Rekorde. Kein Paragrafen-Monster, das noch nicht durch New York, Dallas oder Los Angeles getrieben worden wäre!
Sehen Sie selbst:

§ Im Städtchen mit dem schönen Namen Schulter, in Oklahoma, darf man keine Elefanten mit in die Innenstadt nehmen.
Wozu auch?

§ In Texas wird bestraft, wer die Hand an das Euter einer Kuh legt, die ihm nicht gehört.
Nicht bestraft werden aus Texas stammende Politiker, die ihre Hand an anderer Leute Ölquellen legen.

§ In Temple, Texas, können Sie mit Ihrem Pferd in den Saloon reiten …,
um dort dann die Hand an des Nebenmannes Whiskyglas zu legen. Auch das soll aber schon gelegentlich schiefgegangen sein.

§ In Temple, Texas, ist es außerdem erlaubt, Viehdiebe auf der Stelle zu hängen.
Ob das Melken der Kuh des Nachbarn bereits als Viehdiebstahl gilt?

§ Ein Mann, der sich in Pennsylvania eine Flasche Bier oder ein Schnäpschen kaufen will, muss vorher seine Frau anrufen und diese um Erlaubnis bitten.

§ Tauben ist es strengstens untersagt, in Alabama Kiesel-
steine von Flachdächern zu picken.
Hoffentlich wissen die das auch!

§ In New York ist es sinnvoll, sich einen Wäschetrock-
ner anzuschaffen. Für eine Wäscheleine auf dem
Balkon braucht man nämlich eine behördliche Genehmigung.

§ Sonntags darf man sich in Sponkane im Bundesstaat
Washington zwar ein Radio kaufen, nicht aber einen
Fernseher.

Wer in New Hampshire zu Hause ist, sollte sich gut
auskennen mit den Gesetzestexten des Bundesstaats. Hier könnte sogar der Lidschlag unter Strafe
stehen. Hier nur eine kleine Auswahl:

§ Flippern am Sonntag ist verboten, ebenso das Essen
von Essiggurken.

Vielleicht hat ja mal einer beim Flippern in einer
Kneipe aus einem Glas Essiggurken genascht, weil er
halt schon ordentlich einen sitzen hatte. Das Glas,
das auf dem Flipper stand, ist umgefallen, die saure
Flüssigkeit ist in den Metallkasten hineingelaufen und
hat ihn gebrauchsunfähig gemacht. Und alles nur, weil
der Besoffene am Flipper zur Musik gewippt und so
den Holzboden, auf dem der Flipper mit dem Essig-
gurkenglas stand, in Schwingungen versetzt hat.

Deshalb hat man dann in New Hampshire das Kopf-
nicken zur Musik und das rhythmische Bewegen der
Füße auch gleich mitverboten.

§ Die Bürger von Acworth in Georgia sind gesetzlich
dazu verpflichtet, eine Harke zu besitzen.

§ In Schulter, Oklahoma, dürfen Sie eine Soft-drink-Flasche nur unter der Aufsicht eines amtlich zugelassenen Ingenieurs öffnen. Offenbar traut man der Bevölkerung im ehemaligen Indianerland immer noch nicht viel Technikverständnis zu.

§ In Allentown, Pennsylvania, müssen Hydranten eine Stunde vor Ausbruch des Feuers kontrolliert werden. Für den Job käme dann wohl nur der Brandstifter in die engere Wahl.

§ Wer darauf scharf ist, in South Carolina in der Kanalisation herumzukriechen, muss sich dafür eine schriftliche Genehmigung der zuständigen Behörde besorgen. Andernfalls wird für dieses seltsame Hobby eine Geldstrafe von bis zu 100 Dollar fällig, oder aber eine Gefängnisstrafe von bis zu 30 Tagen.
Da stellt sich uns die Frage, was schlimmer ist, Kloake oder Knast.

§ Das Gesetz von Little Rock im schönen Arkansas verbietet es Hunden, nach 18.00 Uhr zu bellen.

§ Im Gesetz von Kalifornien steht, wer in Los Angeles lebt und ein Flusspferd hält, macht sich strafbar.

§ In West Virginia kann ein Mann seine Cousine nur heiraten, wenn sie unter 55 Jahre alt ist.
Ganz schön bitter! Wenn sie über 55 Jahre ist, wird der Kreis der potenziellen Heiratskandidaten ohnehin recht überschaubar geworden sein.

§ In New Mexico kann eine Zeitung, die den Namen einer Person falsch schreibt, mit einer Geldstrafe belegt werden.
In Deutschland wäre unter diesen Umständen so manch eine Zeitung längst pleite.

§ In New Orleans, Louisiana, dürfen Sie einen Alligator nicht an den Feuerhydranten binden.
Ja, wohin denn bitte sonst?

§ Mit lebenslangem Freiheitsentzug wird bestraft, wer in St. Louis in Missouri in einer Kirche einen Darmwind entweichen lässt.

§ Der Bundesstaat Illinois garantiert Theaterintendanten in Winnetka das Recht, Besucher mit übel riechenden Füßen aus dem Theater zu werfen.
Das wirft folgende Fragen auf: Ist es in Winnetka Brauch, sich ohne Schuhe ins Theater zu setzen? Wie viele Theater gibt es denn in Winnetka? Tatsächlich hat das Örtchen in der Nähe des Michigan-Sees ganze 12 419 Einwohner und immerhin zwei Theater, das Winnetka Theatre und das Children`s Theatre of Winnetka.

§ In Vermont ist es verboten, ohne Genehmigung Pferde-Urin zu verkaufen.
Wer verkauft so was?

§ In Woodstock bekommt derjenige Probleme mit der Polizei, der seinen Bären auf der Straße spazieren führt und ihn dabei nicht an die Leine nimmt.
Vermutlich ist das Gesetz vor 43 Jahren entstanden, als Hunderte Festivalbesucher ihre Halluzinationen nicht mehr von der Wirklichkeit unterscheiden konnten.

§ In Kalifornien wird strenge Moral gewahrt. So ist es in Pasadena streng verboten, dass eine Sekretärin mit ihrem Chef allein im Zimmer ist.
Die Kalifornier werden schon wissen, warum sie solch ein Gesetz brauchen.

§ In Lewes, Delaware, ist ein Ehepaar, das wegen einer Mutprobe geheiratet hat, zur Annullierung der Ehe berechtigt.

Aber jetzt mal unter uns: Ist nicht jede Eheschließung eine Mutprobe?

Endlich mal ein Gesetz, dass das Leben schöner macht und nicht schwieriger:

§ In North Carolina ist es gesetzlich verboten, falsch zu singen.

§ Wenn in Schottland jemand an Ihre Tür klopft und die Benutzung Ihrer Toilette begehrt, sind Sie gesetzlich verpflichtet, ihm Zutritt zu gewähren.
Hoffentlich haben Sie eine.

§ Im kanadischen Halifax darf man nicht auf dem Bürgersteig Holz hacken.

§ In British Columbia gilt es als Verbrechen, eine Sitzung des Grashüpferkontrollausschusses zu unterbrechen.

§ Wer die kanadischen Streitkräfte beim Marschieren stört, muss mit einer Geldstrafe von 300 Dollar rechnen.

§ In Kanada sollte man immer ein paar Scheine in der Tasche haben. Es ist nämlich verboten, Artikel, die 50 Cents oder mehr kosten, nur mit Pennys zu bezahlen.

§ In Edmonton, Kanada, hingegen, sollte ein Mann, der ein Bier trinken will, die Gegenwart seiner Frau am besten meiden, vor allem, wenn er in einer Kneipe ist. Es ist ihm nämlich verboten, mit einer Frau in einem Biersalon zu trinken. *Wie langweilig!*

§ Schulbuben von Calgary aufgepasst: Bevor ihr einen Schneeball in die Hand nehmt, was in Calgary, Kanada, häufig genug möglich ist, kontaktiert zuerst den Bürgermeister. Ohne Genehmigung des Stadtoberhaupts geht hier nämlich gar nichts.

§ In den meisten Ländern des Mittleren Osten gilt folgendes Gesetz: Nachdem man mit einem Lamm intim geworden ist, wäre es eine Todsünde, dessen Fleisch zu essen.
Wäre ja noch schöner, zuerst kuscheln und dann an die Wolle gehen.

§ Im Libanon ist es Männern gesetzlich erlaubt, mit Tieren Sex zu haben, aber die Tiere müssen weiblich sein. Mit einem männlichen Tier zu verkehren, wird mit dem Tod bestraft.
Eines sollte dem geneigten Tierschänder klar sein: Wenn man sich den falschen Partner aussucht, kann das mit der Todesstrafe auch gleich vor Ort erledigt werden.

§ Moslems dürfen Leichen nicht auf die Geschlechtsorgane schauen. Das gilt auch für Totengräber. Deshalb müssen die Genitalien des Dahingeschiedenen zu jeder Zeit mit einem Ziegelstein oder einem Stück Holz bedeckt sein.
Angesichts der Tatsache, dass der Islam davon ausgeht, dass es ein Leben nach dem Tod gibt, muss man sich die Variante mit dem Ziegelstein als ziemlich schmerzhaft vorstellen.

§ In Guam gibt es Männer, deren Beruf es ist, im ganzen Land umherzureisen und Jungfrauen zu deflorieren. Die jungen Damen bezahlen die fahrenden Händler tatsächlich für ihren ersten Sex. Der Grund: Nach den Gesetzen dieses Landes ist es Jungfrauen ausdrücklich verboten, zu heiraten.
Übrigens soll es in diesem Berufsfeld keine personellen Engpässe geben und auch nicht an Facharbeitern mangeln.

§ In Hongkong darf eine betrogene Ehefrau ihren untreuen Ehemann töten, aber nur, wenn sie das mit bloßen Händen tut.
Und wehe, sie nimmt ein Nudelholz oder ein Bügeleisen – dann heißt es am Ende noch, sie sei eine schlechte Verliererin.

§ In Japan gibt es keine Volljährigkeit: Nun ja, ein in der Tat absurdes Gesetz – zumal es in dieser Form gar nicht existiert. Das hat man nun davon, wenn man ständig rohen Fisch isst und gebrauchte Damenslip im Internet bestellt: Die Welt traut einem alles zu. In Wahrheit werden Japaner mit 20 Jahren volljährig und voll geschäftsfähig. Allerdings ist laut japanischer Verfassung die geschlechtliche Volljährigkeit schon mit 13 Jahren erreicht. Hier haben einzelne regionale Präfekturen jedoch schon gehandelt und die Volljährigkeit deutlich nach hinten gesetzt.

§ In Viktoria, Australien, ist es ein Vergehen, am Sonntagnachmittag rosafarbene Hot Pants zu tragen.
Wir finden, rosa Hot Pants sollten immer, zu jeder Tages- und Jahreszeit verboten sein!

§ In Cali, Kolumbien, darf eine Frau nur mit ihrem Mann Sex haben. So weit, so gut. Erschwerend kommt allerdings hinzu, dass beim ersten Mal die Mutter der Frau mit im Zimmer sein muss, um den Akt zu bezeugen.
Da drängt sich doch die Frage auf, ob der Sex in Kolumbien nicht überbewertet wird. Wenn man sich nun vorstellt, eine derartige Regelung würde hierzulande gelten, kann man davon ausgehen, dass sich viele Leute in ihrer Freizeit mit anderen Dingen beschäftigen würden und es unendlich viele Jungfrauen gäbe.

§ Ein Mann, der gleichzeitig mit einer Mutter und ihrer Tochter im Bett ist, verstößt im bolivianischen Santa Cruz gegen das Gesetz.
Scheinbar war diese Sitte in Bolivien weit verbreitet und zudem noch ein Problem, sonst wäre dieses Gesetz ja wohl nicht nötig geworden.

§ Der Sonntag offenbart auch in Holland einen speziellen Regelungsbedarf, hier geht es um den Umgang mit Alkohol. In den Niederlanden ist es verboten, Bier und Wein am Sonntag zu verkaufen, alkoholische Mixgetränke aber kann man durchaus erwerben.
Zur Begriffsklärung hilft ein Blick ins deutsche Weingesetz.

§ Es ist illegal, Pferden zur Unterhaltung ein Bein zu stellen.
Wer es schon einmal versucht hat, weiß ziemlich genau, auf wessen Seite da vermutlich die Unterhaltung zu finden ist.

112

Realsatiren aus zeitgenössischen Gerichtssälen

Warum ich mein Haus nicht verlosen darf, warum ich mein Haus nicht verlosen darf, warum ich mein Haus nicht verlosen darf ...

Wenn man sich überlegt, welche Tatbestände in unserem Rechtsstaat mit einer Freiheitsstrafe geahndet werden – darunter solch unbedeutende Kleinigkeiten wie Vorbereitung eines Angriffskriegs, Mord, Totschlag, Menschenraub, Brandstiftung oder das Herbeiführen einer Explosion durch Kernenergie –, dann bleibt einem nur, den Kopf zu schütteln, ob des Urteils, das das Münchner Landgericht über einen Münchner Bankkaufmann fällte. Dieser wollte eigentlich nur sein Haus verkaufen.
Die Staatsanwältin plädierte für zwei Jahre und zehn Monate Haft. Was war passiert?

Der 53-jährige Mann hatte von seinem verstorbenen Vater ein Haus geerbt, das er aber nicht halten konnte. Also inserierte er das Haus in einem schönen Münchner Vorort im Internet. Als er mit seinem Inserat keinen Erfolg hatte, gebar er die Idee, das Haus zu verlosen. 48 000 Lose wollte er verkaufen, der glückliche Gewinner hätte für 19 Euro ein Haus im Wert von mehr als einer halben Million bekommen – und der Bankkaufmann wäre alle Probleme losgeworden.

Nichts da, urteilten die Behörden, nicht in Deutschland, wo nur der Staat Glücksspiele veranstalten darf, weil ja auch nur er die Suchtgefahr im Griff hat. Also versuchte es der clevere Bankkaufmann auf eine neue Art. Jetzt wollte er ein Internet-Ratespiel veranstalten, kein Glücksspiel also. In der letzten

Runde sollten die 100 letzten Teilnehmer ein öffentliches Ratespiel überstehen, jeder hätte einen Preis bekommen sollen, dem Besten winkte als Preis das Haus.

Der Staat schritt wieder ein, stoppte das Spiel. Wer bisher schon mitgemacht hatte, verlor sein Geld, ein Zurück gab es nicht, der Bankkaufmann hatte das meiste bereits ausgegeben – für den verantwortlichen Richter „die klassische Betrugsvariante". Hätte sich aber keine Behörde eingemischt, wäre es so weit aber wohl kaum gekommen.
In Österreich und anderen europäischen Staaten ist eine solche Hausverlosung übrigens erlaubt. Mittlerweile haben die europäischen Richter den deutschen Weg kritisiert und den Glücksspielstaatsvertrag der Bundesländer in der 2010 noch bestehenden Form für unzulässig erklärt.

Leiche ohne Benimm

§ Leichen ist es gesetzlich vorgeschrieben, innerhalb von 30 Jahren zu verwesen.

Weil seine Frau sich einen bestimmten Grabstein gewünscht hatte, hat ein Witwer aus Lüneburg Ärger mit dem Gericht bekommen. Weil die Platte zu groß sei und das Grab luftdicht abdecke, werde der Verwesungsprozess der Leiche behindert. Sie werde zehn Jahre mehr benötigen, um dem Gesetz zu genügen, so die Richter des Oberverwaltungsgerichts Oldenburg. Dem Witwer blieb nichts anderes übrig, als die Grabplatte zu entfernen.

Anwalts-un-wesen

§ In Catan, Klaus Teubners wunderbarer Brettspiel-Welt „Die Siedler von Catan" wird getauscht und gehandelt, was das Zeug hält. Wer auf den gefragtesten Rohstoffen sitzt, hat am Ende gewonnen.

In der Welt des digitalen Handels ist das nicht ganz so einfach. Da geht es allzu oft ums Kleingedruckte – und genau das hat eine Frau aus Heilbronn missachtet. Sie hatte Kinderkleider bei E-Bay verkauft. Vermutlich ging es ihr vor allem darum, einfach Platz im Kinderschrank zu schaffen und die Klamotten gegen ein bisschen Geld zu tauschen. Da aber hatte sie nicht mit der Findigkeit eines Anwalts gerechnet, der sich offenbar auf die Regeln des Online-Verkaufs spezialisiert hatte. Er schickte ihr nämlich eine Abmahnung, weil sie keine Widerrufsbelehrung in ihre Verkaufsanzeige hineingeschrieben hatte.

Die Erlangerin schrieb daraufhin dem Anwalt einen freundlichen Brief, weil sie das Ganze für ein Versehen hielt – stattdessen hätte sie sich aber besser schnell selbst einen Anwalt genommen. Der Anwalt antwortete nämlich mit einer einstweiligen Verfügung und das Gericht folgte der Einschätzung auch noch. Statt 30 Euro Gewinn verzeichnete die Mutter 3 000 Euro Verlust, für Anwalts- und Gerichtskosten. Schafft auch Platz im Schrank, weil das Geld für neue Kinderkleider fehlt. Unangemessen!

Halber Hengst

§ In Nordrhein-Westfalen hat sich die folgende Geschichte abgespielt: Ein Mann kaufte einen Araberhengst, ließ ihn kastrieren und forderte sechs Monate später wegen gesundheitlicher Mängel des Pferdes die Rückabwicklung des Kaufes. Tatsächlich urteilte ein Gericht, die Verkäuferin habe das Tier –

bei dem ein Ekzem aufgetreten war, das möglicherweise schon vor dem Verkauf bestanden hatte, zurückzunehmen. Allerdings bekam sie keinen Hengst zurück, sondern einen Wallach. Für die Richter war klar: Kastriert ist der Vierbeiner nicht schlechter als unkastriert. Das gilt aber nur für Pferde!

Teuflische Zwiegespräche

Der Brandner Kasper hat es vorgemacht, wie man es mit Gesellen aus der Unterwelt treiben muss, damit sie es nicht selbst böse mit einem treiben. Mit der nötigen Respektlosigkeit nämlich. Dem Gevatter Tod ein Schnäpschen verabreichen oder auch zwei – und schon lässt er mit sich reden.

Die katholischen Bischöfe machen es sich ungleich schwerer. Bei einer Konferenz der kirchlichen Würdenträger in Italien wurde der angemessene Umgang mit Satan diskutiert. Soll man also nun im Rahmen einer Teufelsaustreibung den dunklen Gesellen in der Landessprache anreden, also vielleicht mit Signore Diavolo? Oder versteht der Seelenräuber nur Latein? Immerhin gibt es ihn ja schon ein paar Jahre, also stammt sein Sprachschatz vielleicht aus den Zeiten römischer Weltherrschaft. Faszinierend war aber auch die Debatte der obersten Glaubenshüter über die passende Höflichkeitsform. Ist eher ein „Sie" Luzifer angebracht oder ein „Du"? Vielleicht hätten sie auch noch festlegen sollen, ob die Anrede groß oder klein geschrieben werden soll, falls sie ihm mal einen Brief schreiben wollen …

Teuflische Einflüsse

Die Skurrilität der klerikalen Debatte relativiert sich allerdings erschreckend, wenn man erfahren muss, dass sich 500 000 Italiener allein im Jahr nach dem Millennium tatsächlich einer Teufelsaustreibung unterzogen haben. 75 Prozent der Italiener glauben einer Umfrage aus dem Jahr 2001 zufolge tatsächlich daran, dass der Teufel ihr tagtägliches Leben beeinflusse.

Na, hoffentlich haben sie sich schon mal Gedanken darüber gemacht, wie sie ihn möglichst unterwürfig darum bitten, sie in Ruhe zu lassen, ohne ihn dabei mit unflätiger Ausdrucksweise zu verärgern.

Teuflische Machenschaften

„Wo man singt, da lass dich ruhig nieder, böse Menschen haben keine Lieder", heißt es im Volkslied. Möglicherweise hatte also Luzifer auch bei folgendem Falle seine Finger im Spiel. Einer Metallarbeiterin aus Ghana jedenfalls wurde der Job bei einer Firma in Bergamo gekündigt, weil sie bei der Arbeit sang. Sie bekam zwar nachträglich eine Abfindung von 6 Monatsgehältern zugesprochen, wurde aber nicht wieder eingestellt, obwohl sie zuvor 17 Jahre lang in dem norditalienischen Betrieb tätig gewesen war. *Teuflisch!*

Armdrücken

Streitbeilegung einmal anders: Statt eine Menge Geld in Anwälte zu investieren, entschieden die Leiter zweier kleiner Mobilfunkunternehmen in Neuseeland, ihren Streit um den Zugang zum Mobilfunknetz mit einer Partie Armdrücken auszutragen.

Gekennzeichnet

„Verurteilte Ladendiebin". Das steht laut richterlichem Urteil auf einem Abzeichen, dass eine Amerikanerin ein Jahr lang beim Einkaufen tragen muss. Verdonnert wurde sie dazu in Lebenan, im Staat Pensylvania, damit die Ladenbesitzer gleich erkennen, wen sie vor sich haben, wenn die Frau einen Laden betritt, sagte der zuständige Richter. Die Diebin hatte zuvor den Raub von Kosmetika im Wert von 66 US-Dollar gestanden.

Brust oder Brüstchen

Ein dänisches Gericht hatte zunächst einer Stripperin Recht gegeben, die die Kosten einer Brustvergrößerung von der Steuer abgesetzt hatte. Das Finanzamt hatte die Investition in die Körpermaße in der Steuererklärung akzeptiert. Die Brustvergrößerung sei unerlässlich für ihren Beruf. An höherer Stelle nahm man die Erlaubnis dann allerdings wieder zurück.
Geschmackssache vermutlich.

Falsche Adresse

In Rumänien wurde eine Ehe geschieden, weil der Ehemann sich dumm angestellt hatte. Sein Seitensprung wohnt nämlich im gleichen Haus wie seine Ehefrau – was für ein dummer Fehler. Als ihn die Geliebte eines Nachts hinausschickte, um den Müll wegzubringen, irrte er sich beim Rückweg in der Tür und stand plötzlich vor seiner Ehefrau, die ihn auf Geschäftsreise vermutet hatte.

Später Triumph

Das nennt man mal einen gewerkschaftlichen Erfolg.
Die Mitglieder von Transnet oder der Pilotenvereini-
gung Cockpit würden keinen Fuß mehr in den Füh-
rerstand eines Interregio oder das Cockpit einer
Boeing setzen, wenn ihnen das passieren würde, was
die Laternenanzünder der Stadt Norwich in den vergangenen zweieinhalb Jahrhunderten erdulden mussten. 236 Jahre nämlich hat es gedauert, bis die Ener-
giegesellschaft British Gas einer Forderung ihrer
Angestellten nachgekommen war.

Man schrieb das Jahr 1765, als die Gewerkschaft der
Lampenanzünder einen Feiertagszuschlag für das
Lampenanzünden an Weihnachten forderte. Einen
viertel Penny hatten die Lampenanzünder der Stadt
Norwich in einem Schreiben verlangt, das ein Ge-
werkschaftsfunktionär im Jahr 1991 wieder ent-
deckte.

Er legte es der British Gas vor – und die zahlten tatsächlich fortan einen Zuschlag. Allerdings nicht von
einem Viertel Penny, sondern von satten vier Pfund
oder 6,40 Euro – inflationsbereinigt. Die sechs Laternenanzünder, die es noch gibt, tun Dienst vor dem
Buckingham-Palast, der Westminster-Abtei und einigen anderen historischen Stätten in London. Das
Schreiben der Laternenanzünder aus dem 18. Jahrhundert war übrigens in Reimform gehalten, auch
das unterscheidet die Haltung der damaligen Ge-
werkschaftsmitglieder von den heutigen.

Ikea-Elch

Der Bezirk Småland ist ja eigentlich bekannt für die Abenteuer des kleinen Michel aus Lönneberga. Diesmal aber hatte eine Elchkuh im mittelschwedischen Bezirk für Aufregung gesorgt. Sie hatte einen weißen Plastikstuhl in ihrem Geweih. Vielleicht war sie ja ein rechter IKEA-Fan, vielleicht aber hat sie auch einfach beim Fressen von Äpfeln in einem Garten den Stuhl aufgespießt. Die schwedischen Forst-Behörden haben jedenfalls den Abschuss der Kuh angeordnet – nicht weil die Kuh mit dem Stuhlgeweih gefährlich war, sondern weil man davon ausgehen musste, dass ihr der auf dem Kopf verhakte Stuhl Kopfschmerzen verursachte.

Beleidigte Blondine

Oh Mann. Eine Blondine zu sein ist keine Beleidigung. Eine Blondine ist für so manchen Mann die Erfüllung all seiner Träume. Und es ist für einen Mann auch keine Beleidigung, mit einer Blondine verglichen zu werden, urteilte der Europäische Gerichtshof für Menschenrechte.
Eigentlich sollte diese Institution sich doch eher mit Menschenrechtsverletzungen existenzieller Art auseinandersetzen …

Jedenfalls hatte ein serbischer Jurist, dem man den Spitznamen Blonder verpasst hatte, gegen einen Journalisten geklagt, der ihn in der Zeitung Kikindske verspottet hatte: nicht nur per Wort, sondern auch mit dem Foto einer Blondine in Unterwäsche. Der Zeitungsmann war zunächst in Serbien wegen Beleidigung verurteilt worden, hatte dann aber dagegen Beschwerde eingelegt und von den Europarichtern Recht bekommen.

122

Kurioses aus dem Polizeibericht

Wer als Journalist mit den Rohfassungen dessen zu tun hat, was später in mehr oder weniger geschliffener Form als Polizeimeldung den Weg in die Zeitung findet, bricht gelegentlich auch dann beim ersten Lesen ins Lachen aus, wenn der Inhalt der Meldung eigentlich gar nicht dazu geeignet ist, den Leser zu erheitern. So manch ein Beamtenanwärter hat sich schon die Finger an der Tastatur gebrochen, bei seinem Versuch, einen ganz schlichten Sachverhalt in höchst bürokratisch korrekte Worte zu fassen. Und so liest sich das Ganze denn auch.

Sensationeller Polizeierfolg!

Es gibt aber auch Polizeimeldungen, die Sie ganz ohne amtsdeutsche Begriffsvergewaltigung zum Schmunzeln bringen. So die Geschichte über einen gefährlichen Polizeieinsatz im Landratsamt München. Ein Zeuge meldete Gestalten, die mit Taschenlampen in dem Bau unterwegs seien, woraufhin 21 gestandene Polizisten das Gebäude umstellten, sich Zugang verschafften und die angeblichen Einbrecher schließlich festnahmen. Sie hatten einen großen Fang gemacht: eine Putzkolonne.

Ehrlichkeit lohnt sich nicht

In manchen Ländern und Staaten war es lange oder ist es heute immer noch verboten, homosexuell zu sein. In einem solchen Staat also würde ein entsprechendes Outing auf jeden Fall ganz schnell ins Gefängnis führen. Dass es ihr aber in Deutschland auch so ergehen könnte, hatte eine Frau aus der Nähe von München sicher nicht erwartet. Sie erklärte in einer Fernsehsendung, sie sei lesbisch veranlagt. Ihr Verhängnis. Ein Polizeibeamter nämlich, der Jahre zuvor gegen sie ermittelt hatte, sah die Sendung und erinnerte sich daran, dass damals der Verdacht auf Scheinehe bestanden hatte ... vermutlich mit einem Mann.

Verirrter Pinkler

In den bayerischen Wäldern kann man sich schon mal verlaufen. Das musste ein Autofahrer aus Tschechien erfahren, der an einem frühen Samstagabend auf einem Polizeirevier im Münchner Umland auftauchte, zu Fuß, völlig am Ende und „mit einem vierstündigen Marsch in den Beinen". Die Reifen seines Autos hatten sich im Matsch eines Waldwegs festgefahren – und dabei hatte er doch nur ein sichtgeschütztes Plätzchen gesucht, an dem er sich erleichtern konnte. Als er sich zu Fuß auf die Suche nach Hilfe machte, verlief er sich hoffnungslos.

Spaziergänger, denen er unterwegs begegnete, brachten ihn schließlich zur Polizei, nicht ohne vorher selbst auf die Suche nach dem Wagen gegangen zu sein. Ebenfalls vergeblich. Der junge Mann musste schließlich die Nacht in einem Münchner Männerwohnheim verbringen. Seine besorgte Ehefrau reiste aus Prag an – erst irgendwann danach wurden die Beamten der Einsatzhundertschaft fündig: in der Nähe einer Kapelle im Wald. Vielleicht hätte ein kleines Gebet an der rechten Stelle ja geholfen.

Wütende Wildsau

Natürlich kann man sich in Bayerns Wäldern verlaufen wie soeben erfahren; normalerweise aber ist es kein Problem, unbeschadet wieder herauszufinden. Eine ganz andere Erfahrung aber hat ein Mann aus

München gemacht. Er hatte nämlich in einem Forstgebiet im Münchner Süden nicht nur die Orientierung verloren – in der Früh um halb fünf Uhr –, sondern hatte sich dann auch noch plötzlich Auge in Auge mit einer aufgebrachten Wildsau wiedergefunden. Warum das Tier so wütend auf den Münchner war, ist ungeklärt, jedenfalls begann es dem erschreckten Mann in offenbar wenig freundlicher Absicht nachzulaufen, jagte ihn auf einen Stapel Baumstämme und machte keine Anstalten, sich wieder zu entfernen.

Erst eine Stunde später konnte der in Tränen aufgelöste Mann einen vorbeifahrenden Radler um Hilfe bitten. Der verständigte die Einsatzzentrale des Polizeipräsidiums und suchte selbst sicherheitshalber das Weite. Das tat dann auch die Wildsau, aber erst, als zwei Streifenfahrzeuge der Polizei im Wald auftauchten.

Peinliche Verwechslung

In der lettischen Stadt Jelgava haben Polizisten aus Versehen eine Frau betäubt, obwohl sie es eigentlich auf einen Hund abgesehen hatten. Sie hatten den herrenlosen Hund zuerst anzulocken versucht und anschließend mit einer Betäubungsnadel geschossen. Der Vierbeiner aber wich aus und die Patrone traf eine Passantin. Die Frau wurde dann, tief schlafend, ins Krankenhaus gebracht. Der Hund ging doch noch in die Falle, und die Frau wachte auch wieder auf.

Nackt duschen – nicht ratsam

Nicht Wildsau, sondern ziemliches Schwein hatte wohl ein Mann aus Schweden. Er war bei mehr als minus 20 Grad mit seinem Auto in einer Schneewehe stecken geblieben – und zwar nackt. Die Polizei befreite ihn und verschaffte dem Unglücklichen erst einmal eine warme Decke.

Der Mann outete sich nicht etwa als Exhibitionist, sondern erzählte, dass er aus dem Haus seines Bekannten ausgesperrt worden war, während er in einem nebenstehenden Schuppen geduscht hatte.

Weil er den Bekannten nicht dazu bewegen konnte, die Tür wieder zu öffnen, machte er sich, so wie er war, auf den Weg nach Hause, in seinen 200 Kilometer entfernten Heimatort.

Fragt sich nur, wo er seinen Autoschlüssel beim Duschen untergebracht hatte.

Schnäpschen zur Unzeit

Es muss ein sehr dringendes Bedürfnis gewesen sein, das einen Einbrecher verleitet hat, in eine Schreinerwerkstatt im kleinen Ort Baierbrunn bei München einzubrechen und dort einige Rollen Toilettenpapier mitgehen zu lassen. Die Zeit hatte ihm aber noch gereicht, ein paar Schluck aus einer Schnapsflasche zu nehmen. Offenbar war dieses Getränk so lecker, dass der Täter noch zwei weitere Male in die Werkstatt einstieg, ohne irgendwetwas zu entwenden. Noch skurriler erscheint die Geschichte, wenn man weiß, dass sie 1999 passierte und die Polizei den Täter, einen 43 Jahre alten Arbeitslosen, erst 5 Jahre später gefunden hat – identifiziert anhand seiner Fingerabdrücke auf der Schnapsflasche.

Fleischbeilage

Eklig ist gar kein Ausdruck! Eine Schülerin an einer High School im US-Staat Massachusetts, die gerade mit Appetit in ihr Kantinen-Sandwich beißen wollte, erlebte dabei eine mehr als unangenehme Überraschung. Das Stückchen Fleisch, das in das Sandwich nicht hineingehörte, sich aber plötzlich zwischen ihren Zähnen befand, war ein menschlicher Daumen. Eine Kantinenangestellte hatte sich, wie sich später herausstellte, einige Tage zuvor den Daumen mit dem Gemüseschneider abgeschnitten. *Iiigittt!*

Unfreiwillige Selbstanzeige!

Man hätte deutlich mehr als die gemessenen 0,92 Promille bei einem 69-Jährigen vermuten können, der an einem Dienstagmorgen zu Fuß in eine Polizeidienststelle in Bayern kam. Hingefahren war er noch mit seinem Auto und mit dem festen Willen, Anzeige zu erstatten. Das hätte er sich aber lieber mal überlegen sollen, denn die Beamten bemerkten bei dem Mann einen so starken Alkoholgeruch, dass sie ihn kontrollierten. Sein Auto behielten sie daraufhin gleich da, und wegen der Anzeige musste er ohnehin noch einmal wiederkommen: Von alkoholisierten Personen werden nämlich keine Anzeigen angenommen.

Warum der bayerische König neben seinem Bier auch seine Untertanen braucht

In der guten alten Zeit, als es noch gemütlicher zuging, als es im Winter noch richtig schneite, und zwar genau am 24. Dezember, wenn man's halt brauchen konnte, als die Frauen noch wussten, wo sie hingehörten, nach Hause nämlich, hinter den Herd und zu ihren Kindern – weder Patchwork-Familie, Selbstverwirklichung noch Scheidungsrate oder Kitaplatz. – Als dies alles noch so war und alles seine Ordnung hatte, da waren die Sitten zwar rau, aber allseits gültig. Am Sonntag ging man in die Kirche, und das Bier war noch billig ...

Merkel – go home

Diese streng konservative Geisteshaltung fand ihren Ausdruck in der Verfassung des Königreichs Bayern vom 1. Mai 1808, in der gleich zu Beginn zu lesen stand:

§ Die Prinzessinnen sind auf immer von der Regierung ausgeschlossen und bleiben es von der Erbfolge so lange, als noch ein männlicher Sprosse des regierenden Hauses vorhanden ist.

§ Nach gänzlicher Erlöschung des Mannesstammes fällt die Erbschaft auf die Töchter und ihre männliche Nachkommenschaft.

Also: nichts mit Selbstverwirklichung und Hosenanzug. Selbst die ersten Damen im Staate hatten damals zu warten, bis sie an der Reihe waren, also ewig. Schon klar, dass so manch moderner Lederhosenträger alles dafür gäbe, wenn er das Rad der Zeit zurückdrehen könnte und all die Angela Merkels, Kristina Schröders und Ursula von der Leyens an ihrer Herdplatte festketten könnte. Und dann führen die genannten Damen ja auch noch im Bund das große Wort, wo die Bayern nichts zu sagen haben, sondern letzten Endes tun müssen, was dort gesagt wird. Was den Bayern also per se ein Dorn im Auge ist. Einen Trost für Bayern immerhin haben wir auf Lager: Die männliche Nachkommenschaft der genannten Damen ist ganze zwei Köpfe stark, und das, obwohl Frau von der Leyen sich sehr angestrengt und allein sieben Kinder zu bieten hat.

Von der Notwendigkeit des Bieres

Dass der Bayer zu genießen weiß und den Freuden des Daseins nicht abgeneigt ist, das ist hinlänglich bekannt. Vor allem der Gerstensaft hat es ihm angetan und der Genuss desselben ist ihm in Jahrhunderten der Gewohnheit genussvolle Tradition geworden.

Und so haben wir in einem Handbuch zum Brauwesen, Branntweinbrennen und dem Malzaufschlag im Königreiche Bayern folgende Verordnung zum „Biereinlegen" aus dem Jahre 1783 gefunden:

§ Ein Fässel zum häuslichen Gebrauch einzulagern, ist Jedermann erlaubt.

Als hätten sie es geahnt, dass fast 130 Jahre später die Erhöhung des Bierpreises um zwei Pfennige im oberbayerischen Dorfen zu einem regelrechten Bierkrieg führen würde, in dem wütende Knechte und Handwerksburschen mehrere Gasthäuser in Schutt und Asche legten. Vermutlich hätte im Jahre 1783 die sofortige Einführung des Matriarchats die Gemüter weniger erregt als ein Verbot des häuslichen Biergenusses – wobei dabei für die Herren im Lande Bayern das Ergebnis möglicherweise das Gleiche bedeutet hätte.

Von Hopfen und Malz –
der König erhalt's

Weil nun der bayerische Staat um das innerste Verlangen seiner Untertanen wusste und wie er am besten Profit daraus schlagen konnte, führte er trotz aller möglichen Befürchtungen im Mai 1868 das „Königlich bayerische Gesetz über den Malzaufschlag" ein.

§ Seine Majestät der König haben nach Vernehmung Allerhöchst Ihres Staatsrates mit Beirat und Zustimmung der Reichsräthe und der Kammer der Abgeordneten beschlossen und verordnen wie folgt:

§ Vom Malze wird eine besondere Steuer, der Malzaufschlag, erhoben.

§ Unter Malz wird alles künstlich zum Reifen gebrachte Getreide verstanden.

§ Steuerbar wird das Malz, sobald es für den Zweck der Erzeugung von Bier, Branntwein und anderen Spirituosen, von Essig oder Hefe (Germ) zum Brechen zur Mühle gelangt; das Getreide, sobald es zum Zwecke der Erzeugung von Branntwein und anderen Spirituosen, von Essig oder Hefe zur Bearbeitung als Grünmalz an den Betriebsort gelangt.
Schön, dass wenigstens das Malz noch steuerbar ist, wenn es an seinem Bestimmungsort angelangt ist, da geht's ihm besser als manch einem, der zu viel von all dem genossen hat, worum es hier geht.

Haben Sie's bemerkt? Was hier wortreich beschrieben und ausgeführt wird, ist nichts anderes als eine Biersteuer. 1806 war die neue Abgabe in Alt-Bayern eingeführt worden und wurde danach auf alle anderen bayerischen Landesteile ausgedehnt. Ab 1819 wurde die Biersteuer, die die Brauer zu zahlen hatten, vor allem zur Tilgung und Verzinsung der Staatsschuld verwendet. Bis 1913 war der Anteil der Biersteuer an den gesamten Staatssteuern Bayerns auf 35,8 Prozent angewachsen!

Nun gibt es die Biersteuer ja heute immer noch, und weil sie genau wie die Mineralölsteuer eine Verbrauchssteuer ist, stünden ihre Erträge eigentlich dem Bund zu. Die Bayern aber – wer sonst? – haben durchgesetzt, dass die Biersteuer den Ländern zugesprochen wurde. Im Freistaat wird sich das vermutlich auch lohnen.

Vom Rausch, und wo er herkommt

Übrigens wusste man auch schon in jenen Zeiten ganz offensichtlich Bescheid über den Rausch und seine Ursachen, anscheinend hat die Mär von dem einen, schlechten Bier unter den sechs oder sieben genossenen ihre Wurzeln weit in der Vergangenheit. So heißt es in einer Verordnung von 1811 über „Ungesundes Bier":

§ Wenn irgendein Bier Ingredienzien in sich enthält, welche der menschlichen Gesundheit offenbar schädlich sind, so ist es ohne weiteres durch Auslassung zu vernichten, vorbehaltlich der Strafen, welche das Strafgesetzbuch darüber verordnet.
Auslassen wohlgemerkt! Nicht austrinken!!

Zum Saufen gezwungen

Ach ja: Sollte sich einer, der mit ein paar Maßen (Litern) zu viel und besoffen wie ein Wagscheitel nach Hause kommt, darauf hinauszureden versuchen, es habe ihn einer gezwungen, zu trinken, dann wissen Sie's jetzt besser! Der Bierzwang wurde schon im September 1800 abgeschafft, und zwar:

§ Alle Art von Abnahmezwang bei allen Gattungen Bieres in Bayern, er mag auf dem Lande, in Städten und Märkten, aus dem Grunde der Grundherrlichkeit oder Gerichtsbarkeit, aus irgendeinem so genannten Privilegium oder einem vermeintlichen jure prohibenti bestanden haben, wird vom künftigen Sudjahre, v. i. von dem 29. September 1800 anfangend, die so genannten Märzbierlosungen aber schon für dermal hiemit für ewige Zeiten förmlich aufgehoben.

Bier nur im Winter

§ Der Verkauf des Märzenbieres vor dem Monat Mai und eines so genannten stärkeren Bieres um einen die gesetzliche Taxe überschreitenden Preis ist auf das Schärfeste verboten.

Die heutigen Oktoberfestwirte würden sich schön bedanken, wenn ihnen einer derart in ihre Preispolitik hineinreden würde. Nun muss man dazu wissen, dass mit der Einführung der bayerischen Brauordnung im Jahr 1516 überhaupt nur zwischen dem 29. September und dem 23. April gebraut werden durfte. Im Sommer war die Brandgefahr zu hoch.

Weil aber die Zeit zwischen April und Oktober ohne den geliebten Gerstensaft lang werden konnte, mussten Stammwürze und Alkohol erhöht werden,

damit sich das Bier auch über die Sommermonate
hielt. Kühlschränke gab es ja keine, weshalb tiefe Fel-
senkeller gesucht waren, die nach Möglichkeit mit
Natureis bestückt wurden. Da sich nun dieses Eis
etwa bis März im Keller unter den Felsen hielt, entstand der Name Märzen-Bier. Wenn dann endlich
wieder gebraut werden durfte, feierte man das Oktoberfest, bei dem die letzten Märzen-Vorräte unter
die Leute gebracht wurden – weshalb in England
und USA das Oktoberfestbier heute noch Märzen
genannt wird.

Von „Light" im Bier hält der echte Bajuware „nix'n"!
§ Wer ein Bier verleit gibt, das die Kraft und den Ge-
halt nicht hat, welche es haben sollte, wenn dasselbe
die vorgeschriebene quantitative Größe der Ingredienzien am Malz und Hopfen in sich enthielte, soll
unnachsichtlich mit einer Strafe von sechs Pfennigen
für jede Maß, welche das Gefäß enthielt, aus welchem dieses als zu schwach erkannte Bier entnom-
men wurde, belegt werden.

135

Schluss

Falls Sie bei der Lektüre dieses Büchleins zu einem niederschmetternden Ergebnis kommen, müssen wir Ihnen Recht geben. Ja, tatsächlich: Alles ist verboten! Zumindest alles, was mit den Freuden des Lebens zu tun hat. Beinahe könnte man vermuten, dass griesgrämige und lustfeindliche Kardinäle der Katholischen Kirche hinter dem Paragrafen-Dschungel stecken und erfolgreich die Macheten verbergen, mit denen ganz normale Menschen sich eine luftige Schneise ins wirkliche Leben schlagen könnten.

Und der Rest? Das wenige, das nicht verboten ist? Das ist normiert, in das Korsett von Regeln, Normen, Direktiven und in Ausführungsbestimmungen gezwängt. Auf dass ja niemand auf den Gedanken verfallen könnte, sich Freiheiten zu nehmen.

Wir leben in Demokratien, in freien Gesellschaften? Lächerlich. Jeder ist seines eigenen Glückes Schmied? Noch lächerlicher. Der Jurist und Gesetzgeber sind unsere Schmiede – und die legen uns in Ketten!

Die Autoren

Dr. Roman Leuthner leitet einen mittelständischen
Verlag. Nach seinem Studium der Politik-, Wirt-
schafts- und Kommunikationswissenschaft zählen
u.a. die Süddeutsche Zeitung und das Handelsblatt
zu seinen berufliche Stationen. Der gelernte Wirt-
schaftsjournalist hat zahlreiche Bücher zu verschiedenen Themen (Rhetorik, Finanzen, Management,
Sprachen, Satire) veröffentlicht. Sein Buch „Nackt
duschen streng verboten" ist ein Bestseller geworden!

Frau Alexandra Leuthner hat nach Ihrem Studium
der Politischen Wissenschaften, Soziologie und
Recht für Sozialwissenschaftler mit Schwerpunkt
Verfassungsrecht bei der Süddeutschen Zeitung Fuß
gefasst. Als Journalistin und Redakteurin bringt Sie
die Dinge treffend auf den Punkt.

ISBN: 978-3-8094-2763-6
© 2011 by Bassermann Verlag, einem Unternehmen der
Verlagsgruppe Random House GmbH, 81673 München

Die Verwertung der Texte und Bilder, auch auszugsweise,
ist ohne Zustimmung des Verlags urheberrechtswidrig und
strafbar. Dies gilt auch für Vervielfältigungen, Übersetzungen,
Mikroverfilmung und für die Verarbeitung mit elektronischen
Systemen.

Umschlaggestaltung und Grafiken: Atelier Versen, Bad Aibling
Layout: Sandra Kaletka, Mundelsheim
Redaktion: Marion Schulz, München
Herstellung: Sonja Storz
Projektleitung: Anja Halveland

Die Ratschläge in diesem Buch sind von den Autoren und
vom Verlag sorgfältig erwogen und geprüft, dennoch kann eine
Garantie nicht übernommen werden. Eine Haftung der Autoren bzw. des Verlags und seiner Beauftragten für Personen-,
Sach- und Vermögensschäden ist ausgeschlossen.

Satz: Sandra Kaletka, Mundelsheim
Druck: GGP Media GmbH, Pößneck

Printed in Germany

Verlagsgruppe Random House
FSC®-DEU-0100
Das für dieses Buch verwendete
FSC®-zertifizierte Papier München
Super Extra liefert Arctic Paper, Mochenwangen.

817 2635 4453 62

Ab in den Paragraphen-Dschungel!

144 Seiten • ISBN 978-3-8094-2184-9

Dieses Buch ist eine wahre Fundgrube an Gesetzen aus aller Welt, die selbige (meist) nicht braucht, die aber umso unterhaltsamer sind und Ihnen helfen, jeder Small-Talk-Runde die richtige Würze zu verleihen.

Überall erhältlich, wo es Bücher gibt!

www.bassermann-verlag.de

Echte Highlights der Juristerei

Der Nachfolger von *Nackt duschen streng verboten*

144 Seiten • ISBN 978-3-8094-2699-8

Ein Buch zwischen Schmerzensgeld und Schadenfreude, zwischen BGB und Bayerischer Verfassung, zwischen Gesetz und Richter, Kläger und Ankläger. Mit großem juristischen Quiz (das wohl nicht zum Staatsexamen verhilft, aber zu viel Gelächter).

Überall erhältlich, wo es Bücher gibt!

www.bassermann-verlag.de